여자를 위한
친절한
등산책

주말이 즐거운 서울 근교 산행 가이드

여자를 위한
친절한
등산책

구지선 지음

시공사

Prologue

**산은
지구에서
가장 행복한 공간이다**

'중국 베이징에 있는 나비의 날갯짓이 한 달 후 미국 뉴욕에 폭풍우를 일으킬 수 있다.'
1961년 미국의 기상학자 에드워드 로렌츠는 '나비효과'라는 이론을 생각해냈다. 아주 작은 차이가 결과적으로 매우 큰 차이를 낳을 수 있다는 이론이다.
지구상의 모든 것들은 서로 연결되어 있다. 작고 가난한 마을에서 시작된 행동이 세계 전역으로 확대되어 큰 변화를 불러오기도 하고, 작은 해충을 잡기 위해 뿌린 살충제가 숲에 사는 모든 동물을 굶어 죽이기도 한다.
나는 산에서 이 나비효과를 경험했다. 아무런 생각도 기대도 없이 산을 오르던 나는 이상한 변화를 감지했다. 6년 넘게 안고 있던 비염이 나은 것이다.
원래 아침에 일어나면 코에서 물 같은 맑은 콧물이 줄줄 흘러내렸다. 누우면 코가 막혀 제대로 잠을 청할 수도 없었다. 하루에 한 알 먹던 약은 세 알로 늘어났다. 비염을 고치기 위해 몸에 좋다는 음식도 부지런히 먹었지만 효과가 없었다. 비염은 내 몸이 전체적으로 약해졌다는 일종의 경고였다. 면역력이 약하면 비염은 물론 오만가지 병에 쉽게 노출되는 법이다.
그런데 산을 오른 지 겨우 두 달 만에 이 비염이 사라졌다. 비염이 낫

자 몸 여기저기가 좋아졌다. 겨울이 시작되면 봄이 올 때까지 감기약을 달고 살았었는데 감기 한 번 걸리지 않았다. 수면 시간도 짧아졌다. 짧게 자도 피곤함이 느껴지지 않았다. 몸이 가뿐했다. 예전에는 하루 종일 자도 또 졸렸는데.

몸만 좋아진 것이 아니었다. 생각도 긍정적으로 변했다. 스트레스로 인해 경직되었던 얼굴 근육은 나도 모르는 사이 풀어져 있었다. 숲의 기운과 나무가 내뿜는 피톤치드가 그렇게 만들었다. 산을 오른 나는 어느 새 건강하고 행복한 사람이 되어 있었다.

이 책은 이제 막 등산을 시작하려는 여자들이 찾으면 좋을 코스, 그리고 등산 초보자라도 산이 주는 건강하고 행복한 기운을 맘껏 만끽할 수 있는 코스들로 채워져 있다. 욕심내지 않고 걷는다면 완주의 기쁨과 삶의 여유를 모두 느낄 수 있을 것이다.

집필의 기회를 주신 시공사 관계자분들과 멋진 기획안을 제시해주시고 책이 나오기까지 많은 수고를 해주신 조혜영 편집자님께 마음을 다해 감사의 인사를 드린다. 또 순간순간 친절을 베풀어 주었던 산에서 만난 수많은 분들과 늘 인생에 대한 해답을 보여주고 아름다운 마음을 갖게 하는 중학교 동창 김수정에게도 고마운 마음을 전한다.

끝으로, 이 책을 보고 산을 찾는 모든 이들에게 내가 받은 산의 선물이 전달되기를 진심으로 빈다.

Contents

01
북한산 18
북한산 전체 풍경 한눈에 보기 24
대남문 코스 26
보국문 코스 32
대동문 코스 36
PLUS PAGE 북한산 둘레길 42

02
도봉산 48
도봉산 전체 풍경 한눈에 보기 54
마당바위 코스 56
도봉사 코스 60
회룡사 코스 66
PLUS PAGE 국립공원 산악박물관 70

03
관악산 72
관악산 전체 풍경 한눈에 보기 78
연주대 코스 80
관음사 코스 84
PLUS PAGE 낙성대 공원 88

04
삼성산 90
삼성산 전체 풍경 한눈에 보기 96
삼막사 코스 98
정상 코스 104
PLUS PAGE 안양예술공원 109

05
인왕산 110
인왕산 전체 풍경 한눈에 보기 116
기차바위 코스 118
치마바위 코스 122
PLUS PAGE 청와대 사랑채 127

행복하고 안전한
여자 등산 키포인트 8
산에 오르기 전 체크할 사항 10
나 홀로 등산 기본 수칙 11
산에 대한 예의 12
성격 유형별로 즐기는 산행 13
등산에 필요한 차림과 장비 14
등산에 필요한 간식거리 16
등산 후 피부 관리 17

06
북악산　128
북악산 전체 풍경 한눈에 보기　134
김신조 루트 코스　136
삼청공원 코스　140
PLUS PAGE 서울 성곽길 따라 걷기　146

07
아차산　152
아차산 전체 풍경 한눈에 보기　158
큰바위얼굴 코스　160
정상 코스　166
아차산성 코스　170
PLUS PAGE 서울 어린이대공원　174

08
불암산　178
불암산 전체 풍경 한눈에 보기　184
정상 코스　186
쥐바위 코스　190
PLUS PAGE 불암산 둘레길　194

09
청계산　200
청계산 전체 풍경 한눈에 보기　206
매봉 코스　208
옥녀봉 코스　212
PLUS PAGE 양재 시민의 숲　216

10
소요산　218
소요산 전체 풍경 한눈에 보기　224
자재암 코스　226
공주봉 코스　232
PLUS PAGE 자유수호평화박물관　236

11
수리산　238
수리산 전체 풍경 한눈에 보기　244
슬기봉 코스　246
태을봉 코스　250
PLUS PAGE 반월호수　254

12
수락산　256
수락산 전체 풍경 한눈에 보기　262
깔딱고개 코스　264
학림사 코스　270

13
남한산성　274
남한산성 전체 풍경 한눈에 보기　280
남문 코스　282
북문 코스　288
장경사 코스　292
PLUS PAGE 민속공예전시관　296
　　　　　만해 기념관　297

14
문학산　298
문학산 전체 풍경 한눈에 보기　304
산성 코스　306
노적봉 코스　310
PLUS PAGE 차이나타운　314

15
마니산　316
마니산 전체 풍경 한눈에 보기　322
계단로 코스　324
단군로 코스　330
PLUS PAGE 고려 궁지　332

행복하고 안전한
여자 등산 키포인트

나 홀로 등산에 앞서
준비해야 할 것과
기본적인 등산 매너,
수칙에 대해 살펴보자.

산에 오르기 전 체크할 사항

걱정도 많고 신경 쓸 일이 누구보다 많은 여자들. 안전하고 쾌적한 등산을 위해서는 아래 몇 가지 사항을 미리 체크해볼 필요가 있다. 만일의 상황에 대한 준비는 등산 시 마음을 편하게 해준다.

핸드폰 배터리

산은 도심과 다르게 핸드폰 배터리가 빨리 소진된다. 등산 중 발생할 수 있는 만약의 상황에 대비해, 등산 전에는 핸드폰 배터리가 꽉 차 있는지 반드시 확인해야 한다. 배터리가 여유롭게 남아 있더라도 반드시 가득 채우는 것이 좋다. 그리고 산에서의 통화는 되도록 용건만 간단히 하도록 하자. 이후 예상치 못한 상황이 발생할 수도 있기 때문에.

과식 주의

배가 고픈 상태에서 산에 오르는 것도 좋지 않지만 배가 너무 부른 상태에서 산에 오르는 것 역시 좋지 않다. 소화가 되지 않은 상태에서 산에 오르면 구토 증세를 느끼기 쉽다. 산에 오르기 전에는 무엇이든 적당히 먹도록 하자.

등산 패션

등산 시 여자들의 중요한 관심거리는 바로 패션. 그러나 남의 이목에만 신경 쓰다가는 겨울엔 얼어 죽고 여름엔 쪄 죽기 쉽다. 등산 패션의 완성은 뭐니 뭐니 해도 실용이다. 더불어 다른 사람의 눈살을 찌푸리게 하는 노출이 심한 옷도 삼가하도록 하자.

생리 중인가 아닌가

생리 중이나 전에는 컨디션이 평소와 확연히 다르다. 소변이 자주 마렵기도 하고 어지럽거나 속이 울렁거릴 때도 있다. 산 속에는 화장실이 거의 없다. 생리 중인 여성에게는 그리 좋은 환경이 아니다. 그러므로 생리 중일때는 등산을 쉬거나 가더라도 되도록 짧고 쉬운 코스를 선택하도록 하자.

소화제

비상약은 꼭 지니고 다니는 것이 좋다. 상한 음식을 먹었다고 당장 배가 아프고 구토증세가 나타나지는 않는다. 등산 전 먹은 음식은 1~2시간 후 반응을 보이기도 한다. 만일에 대비해 손을 딸 수 있는 반짇고리와 소화제는 꼭 가방 안에 넣어 오르도록 하자.

나 홀로 등산 기본 수칙

본격적인 등산에 나설 때 지켜야 할 사항을 살펴보자. 여자 혼자 산에 오를 때는 아무래도 주의할 점이 좀 더 많다. 아래 사항을 숙지하여 즐겁고 건강한 등산을 즐기자.

주변 사람들과 함께 움직일 것

주중에 산에 오르면 혼자 산을 찾은 아저씨와 아주머니들과 많이 마주친다. 혼자 산에 오를 때는 등산로 입구에서 자신의 코스와 같은 방향으로 가는 사람의 뒤를 따라가도록 하자. 뒤따라갈 때는 상대방이 불편을 느끼지 않게 적당한 거리를 두는 것이 좋다. 그리고 동행자는 되도록 여성을 선택하는 것이 더욱 안전하다.

내가 산에 오르는 것을 주변에 알릴 것

가족이나 친구에게 어느 산을 가는지 말해 두는 것이 좋다. 방 안에 남겨져 있는 일기장이나 수첩에 메모를 해두고 가는 것도 좋은 방법이다. 실족 등 혹시 발생할 수도 있는 예기치 않은 사고를 위해서다.

귀는 열어 두고 다닐 것

요즘엔 음악이나 라디오를 들으며 혼자 걷는 사람들이 많다. 헤드폰을 귀에 끼고 있으면 주변 소리가 잘 안 들린다. 만일의 경우에 대비해서 음악을 듣더라도 주변 소리가 들릴 수 있게 볼륨을 줄여 듣도록 하자. 한쪽 귀에만 헤드폰을 끼는 것도 좋은 방법이다.

너무 늦게 내려오지 말 것

산 속에는 어둠이 빨리 찾아든다. 가을과 겨울에는 오후 4시만 되어도 어두워진다. 하산 소요 시간을 넉넉하게 잡아 체크한 후 해가 지기 전 내려오도록 하자.

욕심은 화를 부른다

산을 오르다 보면 저도 모르게 욕심이 생긴다. 더 걷고 싶고 더 보고 싶다. 산에서 가장 경계해야 할 것은 바로 욕심이다. 특히 초보자에게는 더욱 그렇다. 성에 안 차더라도 처음에 정한 목표 지점까지 올랐으면 만족하고 하산하는 것이 좋다.

빨리 오르기보다 천천히 걷도록 하자

산길은 도심의 길과 다르다. 빠르게 걸으면 다칠 위험이 커지고 관절에도 무리가 생긴다. 하산할 때도 마찬가지다. 올라갈 때와 같은 속도로 내려오는 것이 좋다. 산은 올라갈 때보다 내려올 때 더 많은 사고가 발생한다.

산에 대한 예의

'내가 산을 만나 행복했듯 산도 나를 만나 그러하기를.'
혼자 혹은 친구들과 하는 산행은 생각만으로도 즐겁다. 그러나 그 흥이 넘쳐 때로는 산에도, 다른 등산객에게도 폐가 될 수 있다. 기본적인 매너는 지키는 것이 좋다.

야호 금지

크게 떠드는 것, 크게 웃는 것, 크게 우는 것은 산에서 피해야 할 행동이다. 특히 소리를 크게 내지르는 '야호'는 산에서 쉬고 있는 동물과 식물에 스트레스를 준다. 당신이 집에서 낮잠을 달콤하게 즐기고 있는데 누군가가 내는 소음으로 인해 잠을 깬다고 생각해보라.

과일 투척 금지

산에서 마음씨 좋은 아주머니를 만났다. 아주머니는 집에서 싸들고 온 과일을 나에게도 나누어 주었다. 그런데 그 아주머니가 귤 껍질을 예쁘게 까더니 갑자기 숲 속으로 던지는 것이 아닌가. 이건 아니잖아요, 라는 표정으로 바라보는 나에게 아주머니께서 웃으며 말씀하셨다. "썩는 거니까 괜찮아."
산에서는 그 무엇도 버려서는 안 된다. 아무 것도 손도 대지 말고, 있는 그대로 갔다가 그대로 내려와야 한다. 산에 버려진 과일 껍질과 남은 음식은 들개와 고양이를 산으로 불러들이니 특히 주의해야 한다.

등산로가 아닌 곳 진입 금지

요즘 산은 등산로가 잘 정비되어 있다. 계단 등으로 등산로를 만들어 놓은 것은 사람의 편의를 위해서가 아니다. 산을 위해서다. 정해진 등산로가 아닌 곳으로 가면 자연을 해칠 수 있고, 또 길을 잃어 위험해질 수도 있으니 꼭 정해진 등산로를 이용하도록 하자.

세제 사용 금지

계곡에서 손이나 발 또는 식기 등을 씻을 때 세제를 사용해서는 안된다. 나의 행복이 자연과 타인에게는 독이 될 수도 있다. 산에서 사용한 식기는 산에서 씻지 말고 그대로 가지고 오는 것이 자연과 사람을 위해 제일 좋은 방법이다.

성격 유형별로 즐기는 산행

서울 근교에 있는 산만 해도 등산 코스가 어마어마하게 많다. 그렇지만 자신의 성격이나 취향에 맞는 코스를 고르는 일은 쉽지 않을 터. 각자의 취향과 성격에 맞는 코스는 어디일지, 다음을 살펴보자.

화끈한 언니형
가파른 길도, 무서운 길도 마다하지 않는다. 코스가 짧거나 난이도가 낮으면 뭔가 부족함을 느끼기도 한다. 이런 유형은 코스 선택 시 시간이 오래 걸리는 곳을 선택해야 만족도가 높아진다.

지적인 언니형
1석 2조를 추구한다. 산을 오르면서 배워 가는 것도 있어야 만족한다. 이런 유형은 코스 선택 시 역사적으로 볼거리가 많은 곳을 선택하는 것이 좋다.

추천코스

북한산 대남문 코스(p.26) | 도봉산 회룡사 코스(p.66) | 아차산 큰바위얼굴 코스(p.160) | 삼성산 삼막사 코스(p.98)

얌전한 언니형
산행도 산책처럼 즐기고 싶어한다. 가볍게 오를 수 있는 코스가 어울린다. 가파른 곳이나 예쁘지 않은 곳보다는 꽃과 단풍이 어우러지고 등산로가 계단 등으로 잘 정비되어 있는 곳이 적합하다.

과묵한 언니형
말을 많이 하면 피곤함을 느낀다. 사람과의 대화보다 자연과의 교감을 즐긴다. 또한 사색하는 것을 좋아한다. 이런 유형은 음악을 들으며 천천히 걸을 수 있는 코스가 적합하다.

추천코스

청계산 옥녀봉 코스(p.212) | 문학산 산성 코스(p.306) | 북악산 삼청공원 코스(p.140) | 인왕산 치마바위 코스(p.122)

등산에 필요한 차림과 장비

등산을 하기에 앞서 준비할 기본적인 준비물을 소개한다. 최대한 간편한 차림으로 짐 또한 가볍게 준비하는 것이 좋다.

등산 티셔츠

일상 생활에서 주로 입는 면 소재의 티셔츠는 등산 시에는 입지 않는 것이 좋다. 땀으로 인해 젖은 옷이 빨리 마르지 않아 몸을 저체온으로 만들기 때문이다. 등산용 셔츠는 땀을 빠르게 흡수시키고 증발시키는 쿨맥스 소재 등으로 되어 있는지 살피고, 가볍고 신축성이 좋은 것으로 선택하자.

등산화

다른 건 몰라도 등산화는 꼭 필요하다. 산에는 돌이 많기 때문에 일반 운동화를 신고 오르면 발에 무리가 생기기 쉽다. 너무 여유 있게 신으면 내리막길을 걸을 때 발가락이 신에 부딪혀 통증이 생길 수 있으니 너무 헐렁하게 신는 것은 피하도록 하자. 가볍고, 통기성이 우수한 방수제품이 좋으며 발목을 충분히 감싸는 목이 긴 제품이 안전하다. 겨울에는 미끄럼을 방지하기 위해 아이젠을 챙기는 것이 좋다.

등산 바지

등산은 무엇보다 하체를 많이 움직이게 되는 운동이다. 때문에 활동하기에 편하고 땀을 신속하게 배출시켜 주는 등산 바지를 입는 것이 여러모로 좋다. 청바지나 먼지가 잘 묻는 바지를 입으면 등산이 두 배는 더 힘들어진다. 등산 바지를 고를 때는 신축성이 좋은지 살피고, 몸에 너무 꽉 끼는 것은 피하는 것이 좋다.

배낭

수납 공간이 많고 쿠션감이 좋은 등판을 지닌 배낭이 좋다. 좋은 배낭은 자신의 몸에 맞는 배낭이다. 멨을 때 무게가 고루 분산되는지, 배낭의 무게로 인해 목이 뒤로 처지지는 않는지 꼭 확인하고 구입해야 한다.

모자
자외선 차단을 위해 꼭 필요한 등산 용품이다. 산에서의 모자는 패션의 완성이 아닌 생존의 조건이다. 그만큼 중요하다. 특히 가을이나 겨울에는 꼭 모자를 착용하는 것이 좋다. 사람 몸의 체온 중 상당한 양이 머리를 통해 빠져 나가기 때문이다. 창이 없는 모자 보다는 창이 있는 것을 선택하고, 가볍고 통풍이 잘 되는지도 확인하자.

손수건
등산에서 손수건은 맥가이버의 칼과 같다. 여러 용도로 요긴하게 쓰인다. 땀을 닦는 것은 기본이고 다친 부위를 감쌀 때도 쓰인다.
등산용 손수건은 땀 흡수를 잘 시키는 것이 좋고 크기는 작은 것보다는 큰 것이 좋다. 색깔은 눈에 띄는 것이 좋은데, 녹색과 검은 색 등 산속에서 눈에 띄지 않는 색은 피하는 것이 좋다.

쿨토시
쿨토시는 자외선을 차단해 햇빛으로부터 피부를 보호해주고, 땀을 빠르게 흡수하여 피부를 쾌적한 상태로 유지시켜 준다. 맨살의 온도를 낮추어주기 때문에 여름에 착용하면 시원함을 느낄 수 있다. 쿨토시를 고를 때는 살이 닿는 부위가 무재봉으로 처리되어 있는지 확인하고, 끝이 말리지 않는 것과 신축성이 좋은 것을 선택하자.

스틱
스틱은 체중을 분산시켜 몸을 가볍게 해준다. 몸의 균형 유지에도 도움을 준다. 스틱의 길이는 상황에 따라 그때그때 조절하는 것이 좋은데 땅에 짚었을 때 팔꿈치 각도가 90도가 되는 것이 알맞다. 또 손에서 놓칠 경우 위험해질 수 있으니 스트랩이 잘 감기는 것을 사용해야 한다.

점퍼
산은 온도변화가 심하다. 특히 낮과 밤은 온도가 급격히 차이난다. 여름철에는 그런대로 괜찮지만 봄, 가을, 겨울에는 흘린 땀이 식으면서 한기를 유발하기도 한다. 몸 상태에 따라 쉽게 벗고 입을 수 있으며, 가볍고, 잘 마르고, 신축성이 좋은 점퍼 하나쯤은 배낭 안에 넣어 다니도록 하자.

장갑
산에서는 맨손이 불편할 때가 많다. 바위나 로프 등 손으로 짚어야 하는 것이 많기 때문이다. 등산용 장갑은 천이나 털로 된 것이 아닌 나일론 소재 등으로 된 신축성과 내구성이 좋은 것을 선택해야 한다. 그리고 손바닥 부분에 미끄럼 방지 기능이 되어 있는지도 꼭 확인한 후 구입하도록 하자.

등산에 필요한 간식거리

등산은 에너지가 많이 소모되는 운동이므로, 너무 지치기 전 요기를 채워주는 것이 좋다. 챙기면 도움이 될 만한 간단한 음식을 소개한다.

물
약수터가 있기는 하지만 식용으로 부적합한 곳도 더러 있다. 평소 물을 잘 안 마시는 사람도 산에서는 탈수 증세를 느낄 수 있다. 500리터 정도의 물은 꼭 챙겨가는 것이 좋다. 물은 한 번에 많이 마시기보다 입안이 적셔질 정도로 조금씩 마시는 것이 좋다.

과일이나 채소
조리를 필요로 하는 음식보다 걸으면서도 먹을 수 있는 음식이 적합하다. 쉽게 변질되지 않고 소화가 잘되며 열량이 높은 음식은 산행에 도움을 준다. 비타민과 섬유질이 풍부한 오이, 건조 과일 등은 꼭 챙겨가도록 하자. 특히 오이는 갈증해소에 도움을 준다.

비스킷
비상 식량이 될 수도 있는 음식이다. 전쟁 시 군인들의 휴대 식량으로도 쓰이는 비스킷은 갑작스러운 허기에 도움을 주고 심심한 입을 즐겁게 해주기도 한다. 등산용 비스킷은 휴대가 간편하고 부스러기가 많이 떨어지지 않는 것이 좋다.

방울토마토
등산 시 먹을 음식은 부피가 작은 것이 좋은데 과일도 예외가 아니다. 특히 과일은 껍질 등을 남기지 않는 것이 좋다. 방울토마토를 챙겨 갈 때는 나중에 쓰레기가 될 수도 있는 꼭지 부분은 따서 가져가도록 하자.

에너지 바
무거운 밥 보다는 식사대용으로 먹을 수 있는 가벼운 에너지 바를 챙겨가도록 하자. 요즘에는 칼로리는 낮으면서 과일, 콩 등으로 만들어져 여성 피부 건강에 도움을 주는 에너지 바들이 많다.

초콜릿
등산 음식은 부피에 비해 열량이 높은 것이 좋다. 그리고 빨리 에너지화가 되고 쉽게 부패되지 않는 것이 좋은데 초콜릿은 이런 조건을 모두 갖추고 있다. 달고 맛도 좋아 힘든 등산을 즐겁게 해주기도 한다.

등산 후 피부 관리

사실 등산 후 피부 관리는 따로 필요가 없을 정도다. 산을 오르면 혈액순환이 잘 되어 그런지 피부가 전보다 더 맑아진다. 몸이 좋아지면 피부도 탱탱해지는 법이다. 그렇지만 피부에 관심 많고 걱정 많은 여자들을 위해, 산행 후 피부에 도움이 되는 몇 가지를 소개한다.

흘린 땀만큼 물 마시기
피부에 수분이 빠지면 피부 탄력이 저하된다. 소진된 수분은 꼭 채워주어야 한다. 물은 신진대사를 원활하게 해 피부를 건강하게 유지해준다.

깨끗하게 세안하기
세안은 피부 속에 들어간 먼지를 제거해준다. 피부에 노폐물이 쌓이면 주름이 생기기 쉽다. 세안할 때 특히 중요한 것은 세안제보다 물이다. 물의 온도는 체온보다 약간 낮은 정도가 적합하다.

비타민 C 보충하기
과일로 비타민 C를 충분히 섭취하도록 하자. 비타민 C는 야외 활동 시 생길 수 있는 기미와 주근깨 예방에 도움을 준다. 키위, 사과, 자몽, 복숭아, 라즈베리가 피부에 특히 좋다.

냉방기와 온풍기는 피부의 적
냉방기와 온풍기는 등산 후뿐 아니라 평소에도 피하는 게 좋다. 냉방기와 온풍기에서 뿜어져 나오는 바람은 실내 공기를 건조하게 만든다. 피부는 건조해지면 쉽게 주름이 생긴다

스트레칭
등산 전 스트레칭이 필요한 것은 모두 잘 알고 있지만 산행 후에도 꼭 필요하다. 스트레칭은 등산으로 인해 생긴 다리 근육을 풀어주는 것은 물론 몸의 신진대사도 원활하게 해 피부를 맑게 만들어준다.

01

서울특별시 성북구

북한산

세계적으로 보기 드문 도심 속 자연공원 북한산은 명산의 3대 조건인 산상(山相), 조망(眺望), 계곡(溪谷)을 모두 갖추고 있다. 삼국시대 이래 2천 년의 역사를 담고 있는 북한산성을 비롯하여 수많은 동식물과 보물, 사적지, 문화재도 북한산 안에서 숨 쉬고 있다. 우이령을 경계로 북쪽은 도봉산, 남쪽은 북한산 지역으로 나뉘는데, 모두 1983년 4월 국립공원으로 지정되었다.

> 처음 북한산을 찾았을 당시 느꼈던 그 감정을
> 나는 아직도 어제 일처럼 생생히 기억하고 있다.

북한산은 처음부터 끝까지 '잘 봐둬, 자연의 멋이란 바로 이런 거야'라며 아름다움을 한껏 과시했다. 비가 온 다음날이라 그런지 나무의 초록빛은 유난히 생기가 돌고 깨끗했으며 등산로에 피어 있는 작은 들꽃은 이제 막 세수를 끝낸 모습을 하고 있었다. 이들을 모두 집으로 데려와 매일매일 보고 싶었지만 그럴 수 없었다. 내 것이 아니었으니까. 그래도 보는 것만으로도 기분이 좋았다. 그 기분을 오래오래 느끼고 싶어 일부러 천천히 걸었다.

집에서 멀지 않은 곳에 있어 이후에도 여러 차례 북한산을 찾았는데 북한산은 정말이지 단 한 번도 나를 실망시킨 적이 없다. 깨끗한 초록빛도, 아름다운 들꽃도, 늘 변함없는 모습 그대로였다. 때로는 예상치 못한 모습도 보여주었다.

가을이면 내가 가지고 있는 옷 중에서 가장 화려한 옷을 꺼내 입고 산에 올랐다. 무섭고 힘든 것을 지독히도 싫어하는 내가 자발적으로 산을 다 찾다니, 그만큼 북한산은 사람을 끌어들이는 묘한 매력이 있었다. 한 번 고객은 영원한 고객으로 만들어 버리는 북한산의 매력에 나는 푹 빠져버렸다.

단풍이 곱게 물들어가던 어느 가을날, 나는 또 북한산을 찾았다. 주말이라서 여느 때보다 사람이 훨씬 많았다. 등산로에는 사람들이 빠르게 오갔다. 마치 '앞만 보고 무조건 빠르게 올라가시오'라는 미션이라도 부여받은 사람처럼. 그들은 뭐가 그리도 바쁜지 곱게 물든 단풍을

제대로 마음에 담지 못한 채 카메라에만 열심히 챙겨 넣었다.

나는 이번에는 사람이 다니는 길에서 시선을 뗐다. 그러고 보니 산에는 길이 여러 개 있었다. 바람이 다니는 길, 새가 다니는 길, 물이 다니는 길이 보였다. 등산로에서 만나게 되는 여러 길들과 오래된 이야기를 품고 있는 유적지, 유서 깊은 사찰 앞에서는 여지없이 발걸음을 멈추었다. '너무 좋아요!' 감탄사까지는 아니어도 '만나서 즐거웠어요'라는 말은 절로 나왔다. 산에서 만나게 되는 모든 것들은 호들갑스러운 이벤트가 아닌 마음속에 잔잔한 감동을 안겼다.

정상에 도착하니 낯익은 얼굴들이 보였다. 바로 그들이었다. 미션 수행단. 뭐야, 나보다 겨우 15분 빨리 정상에 도착했잖아. 도시락을 먹은 그들은 정상에서 보이는 풍경을 부랴부랴 카메라에 담은 후 서둘러 하산했다. 멀어져가는 그들의 뒷모습을 보니 이번 미션은 아마도 '앞만 보고 무조건 빠르게 내려가시오'일 것 같다.

북한산은 단위 면적당 가장 많은 탐방객이 찾는 국립공원으로 기네스북에 등재되기도 했다. 많은 사람들이 찾는 데는 그만한 이유가 있다. 단지 도심 속에 있어서가 아니라 그곳에는 걷기 편한 등산로가 있다. 여자가 걷기에 좋은 그런 길 말이다. 무섭지 않고 힘들지 않으면서 예쁘기까지 한 등산로는 사시사철 여자들의 마음을 흔든다.

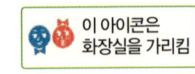
이 아이콘은 화장실을 가리킴

중성문
역사 탐방의 출발점으로, 문화재와 고찰 등이 많다.

중성문
대서문
●무량사
●북한산성 탐방지원센터
노적사
대남문 코스 p.26

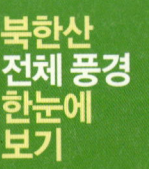
북한산 전체 풍경 한눈에 보기

보국문
숨겨진 비밀 통로, 북한산성이 내려다보인다.

은평구

종로구 구기동

서대문구

24 북한산

대남문 코스
역사와 함께 하는 산행

난이도	상 ⓒ중 하
거리	약 11.70km
소요 시간	편도 3시간 (왕복 6시간)
탐방 코스	북한산성 탐방지원센터 → 대서문 → 중성문 → 대남문

북한산성 탐방지원센터에서 중성문 근처까지는 거의 포장도로다. 오르막이지만 가파르지 않아 힘들지 않다. 대남문 코스는 긴 편이지만 대체로 경사가 완만하고 난코스가 없기 때문에 거리에 비해 힘들지 않는다. 가을에는 단풍이 곱게 물들어 등산객들에게 기쁨을 준다.

이런 곳 흔하지 않다. 천 년 넘는 사찰과 고적지, 문화재를 한 곳에서 만날 수 있다니. 여자 혼자 들어가도 편한 분위기의 사찰과 지루해질 즈음이면 나타나는 문화재들은 등산을 더욱 즐겁게 만들어 준다. 뭐 하나라도 얻어 갈 수 있는 등산을 하고 싶을 때 찾으면 좋다.

🚗 찾아가는 길

🚇 지하철 3, 6호선 연신내역 3번 출구에서 704번, 34번 버스 이용 → 북한산성 입구 하차 후 도보 5분

🚇 지하철 3호선 구파발역 1번, 2번 출구로 나온 뒤, 직진하지 말고 뒤돌아 걷는다. 704번, 34번 버스 이용 → 북한산성 입구 하차 후 도보 5분

🚻 화장실

탐방로 시작 지점과 인근에는 비교적 많이 설치되어 있지만 위로 올라갈수록 없다. 되도록 화장실이 보일 때 볼일을 보는 것이 좋다.

🍴 음식점 또는 부대시설

편의점, 식당, 카페, 의류매장이 버스 정류장에서 탐방지원센터 사이에 모여 있다. 탐방로 안에는 물을 살 수 있는 곳이 한 곳도 없으니 미리 준비하는 것이 좋다. 대남문 코스 입구에는 컵라면, 김밥 등 비교적 가격 부담이 적은 음식을 판매하는 곳이 많다. 특히 주말에는 길까지 나와 판매할 정도다.

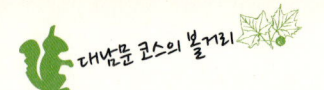 대남문 코스의 볼거리

한눈에 보기에도 튼튼하게 보이는 문

STEP 01
대서문 {예쁜 오솔길이 한눈에 내려다보이는 곳}

탐방로에서 제일 먼저 만나게 되는 문이다. 1950년대까지만 해도 나무를 실은 달구지가 지나다니던 길이었다. 길의 좌우에는 빗물을 빼내는 기구인 누혈이 설치되어 있다. 문루(궁문, 성문 따위의 바깥문 위에 지은 다락집)는 일제 말기에 파손된 이후 그대로 방치되어 있다가 1958년 당시 경기도 지사인 최헌길이 698만 환을 들여 복원하고 오솔길도 확장하였다. 대서문에 올라서면 예쁜 곡선처럼 보이는 오솔길이 한눈에 들어온다.

대서문은 가장 낮은 곳에 있어 사람들의 출입이 가장 잦은 곳이기도 하다. 2010년까지만 해도 이곳 주위에는 사람이 살았다. 특히 대서문 바로 옆에는 손수건 등의 기념품과 음료수를 파는 '성문상회'라는 가게가 있었다. 그러나 성문상회를 비롯하여 크고 작은 집들은 북한산성지구 이주 및 정비 사업으로 모두 떠났고, 그 자리에는 현재 세월의 흔적만 남아 있다.

> 중성문의 외관에는 오랜 세월이 전해진다.

STEP 02
중성문 { 역사 탐방의 출발점 }

대서문에서 1시간 정도 올라가면 중성문이 보인다. 북한산성을 축성한 다음 해인 숙종 38년(1712년), 북한산성의 수비 보완 대책의 일환으로 성 안에 성을 겹쳐 축조했는데, 이 성이 바로 중성이다. 성곽의 규모는 영취봉과 증봉 방향으로 약 200m에 달하며 성문으로는 홍예 형태의 중성문 그리고 시구문, 수문을 건립하였다.

중성문은 대서문이 적에 의해 뚫릴 것을 대비해 만들었다. 행궁과 유영 등의 성내 시설물과 사람들을 보호하기 위해 만든 이 문의 단층 문루는 19세기 말, 수문은 1915년 8월의 홍수에 의해 소멸된 것으로 추정하고 있다. 지금도 중성문과 대남문 사이에는 문화재와 고찰 등이 많다. 중성문은 역사 탐방의 출발점이라고 해도 과언이 아닌데, 천 년 역사를 자랑하는 노적사도 중성문을 통과해야 만날 수 있다.

대남문 코스의 볼거리

독특한 외관을 지닌 삼성각 입구 모습

STEP 03
노적사 {등산객들을 품어 안는 사찰}

조선 숙종 때(1712년) 창건된 유서 깊은 사찰이다. 중성문 안쪽 노적봉 아래에 고즈넉이 모습을 드러내고 있다. 산에 폭 안긴 느낌이 드는 이 사찰은 찾아온 이들에게 아름다움과 평화로움을 느끼게 해준다. 불자가 아니더라도 한번 들러볼 만하다. 대웅전, 나한전, 삼성각, 미륵불입상, 약사여래불좌상, 용궁전 등을 갖춘, 규모가 제법 큰 절이다. 노적사의 옛 이름은 본디 진국사였다. 완전히 소실되어 빈터만 남게 되자 이를 애석히 여긴 스님과 승도들이 뜻을 모아 1960년 새로이 중창하였다. 이후 이름도 노적사로 불리게 되었다. 경내에는 이름을 듣고 합장 공경하는 것만으로도 50겁 동안의 생사의 죄를 면한다고 전해지는 미륵부처님이 자리 잡고 있다.

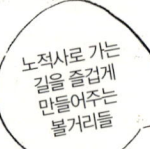

노적사로 가는 길을 즐겁게 만들어주는 볼거리들

대남문 위로 올라가면 북한산의 다양한 풍경이 보인다.

STEP 04
대남문 { 북한산의 봉우리들이 한눈에 보이는 곳 }

북한산성의 가장 남쪽에 위치한 성문이다. 산성이 축성된 1711년(숙종 37년)에 지어졌다. 대남문은 특히 풍광이 아름다운 곳으로도 유명하다. 대남문에 올라서면 북한산의 대표 봉우리인 노적봉, 백운대, 만경대, 인수봉, 오봉, 주봉, 자운봉, 만장봉, 선인봉 등이 한눈에 보인다. 대남문은 비봉 능선을 통해 도성의 탕춘대성과 연결되었기 때문에 전략상 중요한 성문이었다. 성문 상부에는 군사를 지휘하고 성문을 지키기 위한 단층의 문루가 있다. 대남문과 연결되어 있는 북한산성은 고구려, 백제, 신라 삼국이 서로 치열한 전쟁을 벌이면서 뺏고 빼앗기던 곳이었는데, 조선시대에 외침을 당하자 궁의 외곽에 성을 쌓자는 건의를 받아들여 조선 숙종 37년(1711년) 대대적인 축성 공사를 하였다.

STEP 05
금위영이건기비
{ 금위영을 옮긴 것을 기념하는 비석 }

중성문에서 1시간 정도 오르면 금위영유영지가 보인다. 그 생김이 화려하지 않아 무심코 그냥 지나칠 법도 하다. 금위영이건기비는 조선 후기 군사기관인 금위영을 옮긴 기념으로 세운 비다. 원래는 소동문 안에 있었지만 위치가 높아 지금의 자리로 옮기게 되었다. 도제조 이이명이 지은 비문에는 '백제의 옛 성인 북한산성을 나누어 다시 쌓고 각 군영을 설치하여 군량을 저장하고 유사시에 대비하게

하라'는 문구가 새겨져 있다. 금위영유영은 혼돈기인 19세기 말에 관리 소홀로 방치되다가 소멸된 것으로 추정된다. 금위영이건기비 주변에는 왕이 전란 시에 임시 거처로 사용하기 위해 건립한 북한 행궁과 삼군문의 하나였던 어영청의 터도 있다.

추천 코스 02

보국문 코스
다이어트 효과 만점인 코스

서늘한 날씨에도 땀이 절로 송골송골 맺히는 코스다. 정상까지 올라가면 몸 안에서 컵라면 하나 분량의 칼로리가 소모된 듯한 기분이 든다. 오르막길이라 힘들기는 하지만 위험한 구간이 없어 여자가 오르기에 적당하다.

난이도	상 ⓒ 하
거리	약 4.8km
소요 시간	편도 1시간 20분 (왕복 2시간 40분)
탐방 코스	정릉 탐방지원센터 → 정릉계곡 → 깔딱고개 → 보국문

북한산의 여느 코스처럼 그리 만만하지는 않다. 짧지만 힘들다. 크고 작은 돌들을 밟고 오르다보면 숨이 넘어갈 만큼 힘든 구간과 만나게 된다. 바로 깔딱고개다. 특히 돌이 많아 넘어지기 쉬우므로 내려올 때도 조심해서 내려와야 한다. 등산로 초입에는 계곡이 있어 경치가 아름답다.

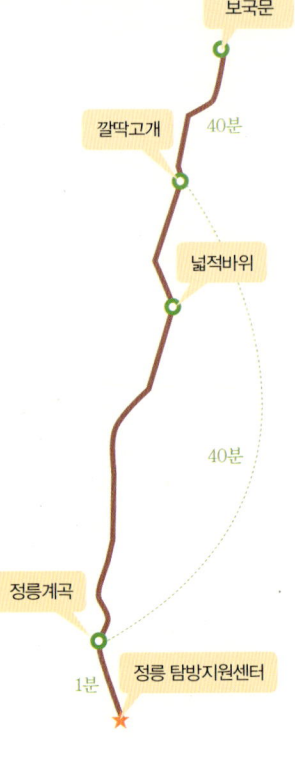

보국문
깔딱고개 — 40분
넓적바위
40분
정릉계곡
1분
정릉 탐방지원센터

🚗 찾아가는 길
지하철 4호선 길음역 2번, 3번 출구에서 버스 143번, 110B번 이용 → 종점 하차 후 도보 5분
TIP 길음역 2번, 3번 출구로 나와 우측으로 걸으면 버스 정류장이 보인다.

🚻 화장실
탐방지원센터에 관리가 잘 된 화장실이 있다. 가급적이면 이곳에서 볼일을 보고 출발하는 것이 좋다. 입구 주변에도 있지만 위로 올라가면 화장실을 찾기 힘들다.

🍴 음식점 또는 부대시설
버스 종점에 내리면 음식점과 매점 등이 보인다. 정류장에서 바로 보이는 '산장 두부촌(서울시 성북구 보국문로 205)'이 괜찮다. 해물순두부, 청국장, 보쌈정식, 콩비지, 해물파전, 두부지짐, 도토리묵, 빈대떡 등을 판매하는데 좋은 쌀을 사용하는지 밥맛이 좋다. 가격은 6,000원부터. 가격 대비 맛과 양이 훌륭하여 북한산을 찾는 사람들의 단골 맛집이다.

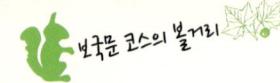

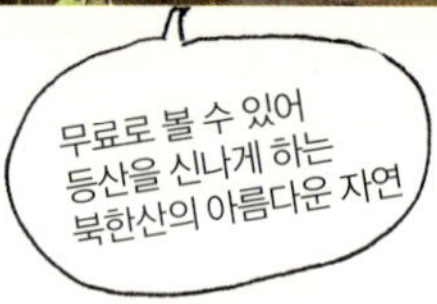

STEP 01

정릉계곡 {예부터 부호들이 풍류를 즐기던 곳}

지금의 탐방지원센터가 있는 자리는 원래 청수장이 있던 장소다. 청수장은 예부터 장안의 부호들이 즐겨 찾았다고. 청수장 바로 위에 있는 정릉계곡은 청수동의 계류를 따라 형성된 계곡으로 여름철이면 피서 인파로 붐볐던 곳이다. 지금도 산에서 흘러 내려온 깨끗한 물이 흐르고 있어 찾아온 이들의 눈과 귀를 맑게 해준다. 정릉계곡 코스는 걷기에도 편하다. 계곡물이 흐르고 공기도 깨끗해 산책 겸 찾는 이들이 많다. 가을이면 색색이 곱게 물든 단풍이 계곡에 얼굴을 드리우는데 그 모습이 마치 한 폭의 수채화처럼 아름답다. 옛날 부호들이 왜 이곳을 즐겨 찾았는지 그 이유가 짐작된다.

> 무료로 볼 수 있어 등산을 신나게 하는 북한산의 아름다운 자연

STEP 02
자연관찰로 {편하게 걷는 산책길}

정릉계곡 근처에 조성된 길이다. 한 사람이 걸으면 딱 알맞을 정도로 좁은 편이지만 잘 닦여 있어 살살 걷기에는 그만이다.
자연관찰로는 조용한 오솔길을 산책하며 시 한 편을 감상할 수 있는 코스와 정릉계곡의 유래, 숲의 변화 과정 등을 엿볼 수 있는 코스로 구성되어 있다. '나의 삶이 메마르고, 참을성이 부족할 때, 오해받은 일이 억울하여 누구를 용서할 수 없을 때, 나는 창을 열고 당신에게 도움을 청합니다.'라는 시를 쓴 이해인 수녀의 글이 마음에 와닿는다. 산행이 부담스러운 사람들이 찾기에 안성맞춤이다.

STEP 03
보국문 {숨겨진 비밀 통로}

> 문은 또하나의 액자

보국문은 북한산성의 동남쪽에 있는 암문으로 소동문 또는 동암문이라 불리기도 한다. 산성이 축성된 숙종 37년(1711년)에 지어졌다. 암문은 평상시에는 백성들의 출입문으로 사용되다가 전쟁이 일어나면 비밀 통로로 사용되었다. 그래서 그런지 대남문이나 대동문 등의 다른 문들에 비하면 입구가 좁은 편이다. 돌로 만들어졌지만 다른 문들처럼 홍예 형태가 아닌 방형의 평문 형식이다. 상부에 문루도 없다. 보국문에 올라서면 길게 뻗은 북한산성이 보이고 0.6km 반경에는 대성문과 대동문이 있다.

> 전쟁 때 비밀 통로로 사용되었던 작은 문

추천코스 03

대동문 코스
북한산 절경이 한눈에

난이도	상 중 하
거리	약 5.4km
소요 시간	편도 1시간 30분(왕복 3시간)
탐방 코스	백련공원 지킴터 → 진달래능선 → 대동문

진달래능선에 서면 북한산 경관의 으뜸으로 꼽히는 암봉군이 보인다. 여길 봐도 저길 봐도 탄성이 절로 나온다. 봄에는 진달래가, 가을에는 단풍이 사람들의 입에서 '아!' 하는 감탄사를 연발하게 한다. 절경을 즐기러 젊은 여성들도 많이 찾는다. 사진 찍기에도 그만이다.

이 코스의 오르막길은 크고 작은 돌과 계단으로 채워져 있지만 크게 힘들지는 않다. 진달래능선은 걷기에는 무난하지만 길이 좁아 낙상할 위험이 있으니 조심해서 걸어야 한다. 어린아이들도 오를 정도로 무난한 길이지만 정상 가까운 곳에 힘든 구간이 하나 있다. 삐죽한 모양의 돌들이 거칠게 솟아 있어 밧줄을 잡고 올라야 할 정도로 위험하다.

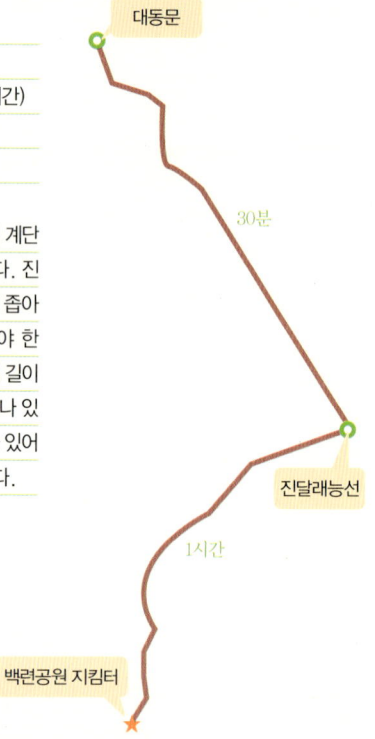

대동문
30분
진달래능선
1시간
백련공원 지킴터

36 북한산

🚗 찾아가는 길
지하철 4호선 수유역 1번 출구에서 강북 01번 버스 이용 → 백련사 하차 후 도보 5분
TIP 수유역 1번 출구로 나와 뒤를 돌면 버스 정류장이 보인다.

🚻 화장실
백련공원 지킴터 주변에 있는 화장실에서 볼일을 보고 출발하는 것이 좋다. 위로 올라가면 화장실을 찾기 힘들다.

🍴 음식점 또는 부대시설
버스를 타고 백련사 앞에서 하차하면 주변에 음식점이 많이 보인다. 다른 지역에 비해 커피숍도 많다. 국립 4.19 민주묘지 방면으로 내려오다 보면 국숫집 '심지 국수'가 보인다. 10가지 과일과 야채를 으깨 김치 국물에 버무린 비빔국수와 남해 멸치로 국물 맛을 낸 잔치집 촌국수를 각 4,000원에 맛볼 수 있다.

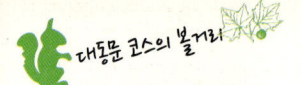
대동문 코스의 볼거리

STEP 01
체력 단련장 {등산에 앞서 준비운동을 하는 곳}

대동문 코스 입구에는 체력 단련장이 두 곳 있다. 두 곳 모두 80년대 분위기가 풍긴다. 칠이 벗겨진 운동기구는 이곳의 세월과 역사를 말해준다. 거울도 나이를 먹었다. 오래된 거울 앞에 서니 묘한 기분이 든다. 과거의 내 모습이 떠오른다고나 할까. 그때 그 시절의 어린 내 모습이. 본격적으로 산행을 하기 전 이곳에서 몸을 풀고 가는 것도 괜찮다. 모든 운동이 다 그렇듯이 산행에도 준비운동은 필수다. 운동기구는 적지만 몸을 풀기에는 적당하다.

등산객이라면 누구나 사용 가능한 운동기구

STEP 02
진달래능선 {꽃과 단풍이 어우러진 진풍경}

해마다 4월이면 진달래가 꽃망울을 터뜨려 진달래능선이라는 이름이 붙었다. 꼭 4월이 아니더라도 많은 사람들이 이곳을 찾는다. 주말에는 그야말로 사람 엉덩이 구경 실컷 했다는 말이 절로 나올 정도. 인수봉, 만경대, 백운대, 노적봉 일대의 암봉군은 북한산 경관의 으뜸으로 꼽히는데 진달래능선에 올라서면 암봉군이 보인다. 가을이면 단풍도 곱게 물든다. 굳이 먼 곳까지 고생하며 단풍구경 갈 필요가 있을까 싶다. 봄, 가을은 북한산 진달래능선에 제일 먼저 찾아오는 것 같다. 진달래능선은 아름답지만 조심스럽게 걸어야 한다. 낭떠러지 가까이의 바위 위에 앉는 것은 피하는 것이 좋다. 자연은 겸손하지 않은 인간에게는 냉정한 법이니까.

대동문을 통과하면 넓은 공간이 나타난다.

STEP 03
대동문 { 서울의 동쪽과 북쪽을 연결하는 관문 }

북한산성의 동쪽에 있는 성문인 대동문은 산성이 축성된 숙종 37년(1711년)에 지어졌다. 서울의 동북쪽을 잇는 관문으로 수유동과 우이동을 연결하고 있다. 문의 형식과 모습은 대남문이나 대성문과 별반 다르지 않다. 상부의 단층 문루는 다른 문들과 마찬가지로 군사적인 목적으로 사용되었다. 문루는 소실되었다가 1993년에 새로 복원되었다. 몸을 숨기거나 활이나 총 등을 쏠 수 있도록 설치된 군사 시설이라 그런지 아름답다기보다는 장엄함마저 느껴진다.

대동문은 북한산성에 있는 다른 문들에 비해 그 규모가 조금 크게 느껴지는데 실제로 홍예문(문의 윗부분을 무지개 모양으로 반원형이 되게 만든 문)은 이 문이 가장 크다. 규모가 커서인지 보국문에 비하면 주변도 굉장히 넓은 편이다. 주변에는 대남문, 백운대, 대성문, 용암문, 보국문으로 향하는 길이 나 있다.

크고 탄탄하게 보이는 문

테마가 있는 길

좀 더 쉽고 편안하게 북한산을 만나는 공간
북한산 둘레길

북한산 국립공원은 '단위 면적당 가장 많은 탐방객이 찾는 국립공원'으로 기네스북에 등재되어 있다. 지금도 한 해 평균 1,000만 명에 가까운 사람들이 북한산 국립공원을 찾고 있다. 북한산 둘레길은 좀 더 쉽고 편안하게 북한산 국립공원을 느낄 수 있는 공간이다. 70km의 길은 물길, 흙길, 숲길, 마을길로 아기자기하게 조성되어 있어 걷기에 전혀 지루함이 느껴지지 않는다. 좀 걸어본 사람이라면 걷기가 왜 신이 인간에게 준 가장 아름다운 선물로 불리는지를 알 것이다. 장수 국가 일본에서는 4,000만 명이 걷기 운동을 즐기고 있으며 한 해에 개최되는 걷기 대회만 해도 2,500회가 넘는다. 미국도 걷기를 최고의 운동으로 꼽는 국가 중 하나다. 비만 퇴치와 심장병 예방은 물론 우울증 치료에도 효과가 큰 특효약으로까지 대접하고 있을 정도다. 올레길, 둘레길의 등장으로 우리나라에서도 걷기 열풍이 불고 있다. 특히 북한산 둘레길은 서울 도심에 있어 도시인들의 사랑을 듬뿍 받고 있다. 도심에 있지만 오래된 숲으로 둘러싸여 있어 공기가 도시의 그것과는 다르다. 길은 총 21개 구간으로 구성되어 있는데 같은 길이 하나도 없다. 숲이 주는 피톤치드를 마음껏 마시면서 편안하게 걷기에는 순례길과 소나무숲길, 우이령길이 좋다. 약간의 산행 기분을 느끼고 싶다면 명상길과 옛성길, 산너미길을, 짧게 산책을 즐기고 싶다면 왕실묘역길과 마실길을 추천한다.

둘레길 코스 안내

특별히 추천하는 둘레길 코스

둘레길은 스무 개가 넘을 만큼 다양한 코스가 있지만,
걷기에 부담 없고 특별히 경치가 좋은 코스 네 곳을 소개한다.

1구간 소나무숲길

피톤치드를 마음껏 들이켤 수 있는 곳

키가 크고 웅장한 소나무가 숲을 이루고 있다. 길을 걷다 보면 소나무가 뿜어내는 강렬한 송진 향이 온몸을 감싼다. 길은 넓고 완만하여 쉽게 걸을 수 있다. 북한산 둘레길 중 유일하게 계곡의 물소리를 지척에서 들을 수 있는 구간이다. 소나무숲길은 솔밭근린공원, 휴식공간, 소나무 숲, 봉황각으로 이루어져 있는데 특히 1만여 평의 규모를 자랑하는 솔밭근린공원에서는 도심에서 보기 힘든 100년생 소나무를 볼 수 있다. 피톤치드를 마음껏 맡고 싶을 때 찾으면 제격이다.

난이도	상 중 (하)
구간	우이 우이령길 입구 ~ 솔밭근린공원 상단
거리	3.1km
소요 시간	약 1시간 30분
찾아가는 길	지하철 4호선 수유역 3번 출구에서 120번 버스 이용. 종점 하차 후 도보 5분.

2구간 순례길

부담 없이 편하게 걸을 수 있는 곳

민주주의를 위해 희생한 분들이 잠들어 있는 국립 4.19 민주묘지를 바라볼 수 있는 구간이다. 헤이그 특사 이준 열사와 초대 부통령 이시영 선생의 묘소도 있다. 흙길로 조성된 이곳에는 나룻배를 띄울 수 없는 낮은 강에 통나무와 솔가지, 흙을 이용해 임시로 만든 다리인 섶다리가 있어 산책하는 이들의 발길을 붙잡는다. 산책길에서 만날 수 있는 4.19 전망대에서는 4.19묘지와 함께 경관 해설판을 볼 수 있다. 난구간이 없어 남녀노소 누구나 부담 없이 즐길 수 있다.

난이도	상 중 **하**
구간	솔밭근린공원 상단 ~ 이준 열사 묘역 입구
거리	2.3km
소요 시간	약 1시간 10분
찾아가는 길	지하철 4호선 수유역 3번 출구에서 120번, 153번 버스 이용. 덕성여대입구 하차 후 길 건너 도보 5분.

구름정원길 구간

8구간 구름정원길

경치가 좋아 눈이 맑아지는 곳

은평구 구기 터널 상단 지역의 계곡을 횡단하는 60m 길이의 스카이워크가 있다. 주변 경관도 한눈에 보이고 흙길과 나무계단길, 숲길이 적절히 조화를 이루고 있다. 전망대의 의자에 앉아 서울의 모습을 편하게 감상할 수 있다. 하늘 전망대에 서면 상쾌한 잣나무 향이 난다. 구름정원길 구간에는 특히 잣나무와 소나무 등 침엽수림이 많아 피톤치드도 마음껏 느낄 수 있다. 난이도는 중과 하 중간 정도이며, 계단이 많아 걷기에 큰 부담이 없다.

난이도	상 ⓒ 하
구간	북한산 생태공원 상단~진관생태다리(코스모스 다리)
거리	4.9km
소요 시간	약 2시간 30분
찾아가는 길	지하철 3, 6호선 불광역 2번 출구 건너편에서 7022번, 7211번 버스 이용. 독박골 하차 후 길 건너 도보 7분.

2구간 우이령길

맨발로 걷고 싶다면

1968년 1월 21일 무장공비 침투사건으로 출입이 금지되었다가 2009년 7월 개방된 구간이다. 생태계가 가장 잘 보존된 지역으로도 유명하다. 특히 맨발 산책이 가능해 온몸으로 숲을 느끼고 싶을 때 찾으면 안성맞춤이다. 흙길로 된 산책길 주변은 숲으로 둘러싸여 있어 매우 조용하다. 산책길 중간에는 적의 전차를 막는 군사 시설인 대전차 장애물이 있어 냉전 시대의 아픔이 느껴진다. 난구간이 없어 걷는 데 무리가 없다.

난이도	상 ⓒ중 하
구간	우이 우이령길 입구 ~ 교현 우이령길 입구
거리	6.8km
소요시간	3시간 30분
찾아가는 길	지하철 4호선 수유역 3번 출구에서 120번 버스 이용. 종점 하차 후 도보 5분.
개방 시간	09:00~14:00까지 출입 허용
TIP	우이령길은 탐방예약제로 운영된다. 인터넷이나 전화로 미리 예약한 뒤 예약증과 신분증을 지참해야 한다.
인터넷 예약	국립공원 홈페이지(ecotour.knps.or.kr)
전화 예약	09:00~17:00까지만 가능하며, 65세 이상, 장애인, 외국인만 가능하다. 우이 탐방지원센터 (02) 998-8365 교현 탐방지원센터 (031) 855-6559

02

서울특별시 도봉구

도봉산

도봉산에는 암봉이 많다. 붉은 빛의 아름다운 구름이 걸려 있다는 의미를 지닌 자운봉을 비롯하여 신선이 도를 닦는 바위라 하여 이름 붙여진 선인봉 등 중생대 쥐라기에 형성된 수려한 암봉들은 도봉산을 찾은 등산객의 눈을 즐겁게 해준다. 암봉이 많기에 그만큼 힘들다. 초보자가 오르기에 힘든 코스도 많다. 또한 도봉산에는 유독 사찰이 많은데, 조선시대 숭유억불 정책으로 많은 사찰들이 산으로 숨어든 때문이다.

> 다 나았구나!
> 다시 도봉산에 올라서고서야 알게 되었다.
> 10년 넘게 나를 괴롭혀온 고소공포증에서
> 완전히 해방되었음을 말이다.

　나는 고소공포증 환자였다. 뒤에 굳이 환자를 붙이는 이유는 그 증세가 굉장히 심각한 수준이었기 때문이다. 아래가 내려다보이는 계단에 올라서면 나도 모르게 다리가 후들거렸다. 몇 발짝 오르다가 그만 그 자리에 주저앉기도 했다. 밖이 훤히 내다보이는 엘리베이터를 타면 심장마비 직전까지 가기도 했다. 놀이공원에서는 남들이 신나게 즐기는 기구를 보기만 해도 현기증이 일었다. 그런데 신기한 것은 비행기는 아무렇지도 않게 탄다는 것이다. 그래서 내 주변 사람들은 내가 고소공포증이 있다는 사실을 믿지 않았다.
　도봉산은 서울에 와서 처음 만난 산이었다. 아는 사람들이 산에 가자고 했을 때 나는 내심 걱정을 했다. 내가 산에 오를 수 있을까? 슬프게도 예상한 대로였다. 조금 오르다 맞닥뜨린 큰 바위 앞에서 항복을 해야 했다. 남들은 아무렇지도 않게 오르는 바위를 나만 못 올라갔다. 이후에도 몇 번 산을 올랐지만 번번이 좌절할 수밖에 없었다. 같이 간 사람들이 정상을 찍고 내려올 동안 나는 음식점에서 차디 찬 두부를 먹으며 그들을 기다려야 했다.
　"땅에서 넘어진 자는 반드시 그 땅을 짚고 일어서야 한대."
　고소공포증 때문에 즐기고 경험해야 할 많은 것들을 놓치고 사는 나를 보며 친구가 어디선가 주워들은 말을 내뱉었다.

   나의 고소공포증은 언제, 어떤 연유에서 시작되었는지 알지 못한다. 하지만 한 가지는 알 수 있었다. 산이라면 내 고민을 해결해 줄 수 있으리라는 것을. 그래서 산을 오르면서 오랜 시간 나를 괴롭혀온 고소공포증을 이겨내 보기로 마음먹었다. 주말은 산과 고소공포증 그리고 내가 삼자대면하는 날이었다.
   나는 서울에서 제일 편하고 무섭지 않은 산만 골라 다녔다. 모르는 길은 그 길을 거쳐 온 등산객들에게 물어보았다. 등산객들은 자신이 걸어 온 길에 대해 친절하게 설명해 주었다. 조금이라도 무섭거나 힘들다는 대답이 돌아오면 그 길은 깨끗이 포기했다. 욕심 내지 않고, 무리하지 않고 그렇게 산을 올랐다. 그러던 중 도봉산에서 바로 그 순간이 찾아왔다. 과거 번번이 좌절을 경험했던 구간에서 펄펄 날고 있는 나를 발견하는 순간, 나는 너무 신기해서 하마터면 소리를 지를 뻔했다.
   '날 좀 보소~, 날 좀 보소~. 세상에, 내가 이 길을 통과하다니!'
   산에 올라 경치를 보고, 걷기만 했는데도 산은 나를 성장시켰다. 내 삶을 긍정적인 방향으로 변화시키기에 산의 힘은 충분했다.

숲으로 들어가면
행복이 옵션으로 따라붙는다.

천축사
왕들의 관심을 한몸에 받았던 사찰. 도봉산의 10대 명소로 꼽히니 들러보자.

천축사 무문관의 내부

도봉산 전체 풍경 한눈에 보기

우이동 입구

마당바위 코스 p.56

돌길 ●우이암 ●성도원 ●마당바위

심우도
천축사
고산앙지
도봉사
●광륜사 금강선원

광륜사 금강선원
조대비가 나라의 안녕과 자식들의 무병장수를 빌던 곳

도봉 탐방지원센터●
도봉사 코스 p.60
출발 출발

도봉산역

추천 코스 01

마당바위 코스
만나는 모든 것이 아름다운 곳

도봉산은 위험한 구간이 몇 군데 있기 때문에 등산로를 선택할 때 신중을 기해야 한다. 이 구간은 계곡이 있어 예쁘다. 여름에는 발을 담그고 쉬어가는 여자 등산객도 많다. 천축사는 그리 큰 절은 아니지만 조용하고 단아한 아름다움이 있다.

난이도	상 ⓒ 하
거리	약 4.3km
소요 시간	2시간 5분
탐방 코스	도봉 탐방지원센터 → 성도원 → 마당바위 → 천축사 → 도봉 탐방지원센터

진입로에서 성도원까지는 숲과 계곡이 적절히 조화를 이루고 있어 걷는 것이 즐겁다. 마당바위에서 천축사를 거쳐 내려가는 길은 무섭지는 않지만 다소 험한 편이므로 주의해야 한다. 크고 작은 바위가 제멋대로 널브러져 있고 깊고 가파르기 때문에 조심해서 걸어야 한다.

56 도봉산

🚗 찾아가는 길
지하철 1, 7호선 도봉산역 1번 출구에서 도보 15분

🚻 화장실
지하철역에서 내려 도봉산 등산로로 오는 길에 화장실이 있다. 광륜사를 지나서도 한 군데 있다. 이후에는 화장실을 찾기 어려우니 가급적이면 보이는 즉시 볼일을 해결하자.

🍴 음식점 또는 부대시설
지하철역에서 내려 10분 정도 걸어오면 '우리술상(국순당 직영)'이 보인다. 비빔밥, 국수, 파전, 오징어순대 등을 카페 분위기에서 즐길 수 있다. 지하철역에서 도봉산 등산로 입구까지는 음식점과 아웃도어 매장이 상당히 많다.

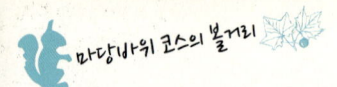

문을 활짝
열어 놓은
광륜사
금강선원

STEP 01
광륜사 금강선원 {조대비가 기도하던 곳}

조만영은 조선 후기의 문신이다. 그는 1839년(기해년, 헌종 5년)에 발생한 천주교 탄압 사건인 기해박해를 일으킨 인물이기도 하다. 조만영의 딸은 효명세자의 빈으로 책봉되기도 하였는데, 광륜사 금강선원은 조만영의 딸인 조대비가 나라의 평안을 위해 기도하던 곳이다. 조대비는 신정왕후(1808~1890)로서 조선 익종의 비(妃)다. 순조 19년(1819) 세자빈에 책봉되어 가례를 올리고 헌종이 즉위한 뒤 왕대비가 되었다. 철종이 승하하자 왕위 결정권을 갖게 되어 고종을 즉위케 하고 대왕대비로서 흥선대원군에게 정책 결정권을 내려 대원군의 집정을 이루게 했다. 그후 조대비는 이곳에 팔곡대사를 불러 나라의 안녕과 자식들의 무병장수를 빌었다. 1890년 수릉에 안장되었다.

> **TIP**
> 광륜사 금강선원에서는 자운봉 방향으로 걸으면 된다. 고산앙지와 도봉서원을 지나친 후 조금 더 가면 갈림길이 나온다. 이때부터는 자운봉이 아닌 우이암 방향으로 걸어야 한다. 서원교라는 이름의 다리를 건너면 계곡길을 만날 수 있다. 여기서는 왼편으로 가도 되고 오른편으로 가도 된다. 어차피 하산할 때 자운봉 방향 길로 내려오게 되어 있다. 풍경으로 따지면 우이암 쪽이 조금 더 예쁘다.

STEP 02
고산앙지 { 곡운 김수증이 쓴 글씨 }

도봉서원은 서울의 하나뿐인 서원이다. 국·공립교육기관인 향교의 수요를 해결하기 위해 생겨난 사립교육기관인 도봉서원은 주변 경관이 너무 아름다워 당시 무릉도원에 비유되기도 했다. 조선의 정치가 정암 조광조 선생도 소년 시절부터 이곳을 자주 왕래하였다. 청년기에는 이곳에서 제자들과 학문을 토론하기도 하였다. 명승지로 이름난 도봉서원 주변에는 글씨가 새겨진 바위가 많다. 특히 고산앙지(高山仰止)라는 글씨가 새겨진 바위는 도봉서원 바로 앞 계곡에 있다. 숙종 26년(1700) 곡운 김수증이 쓴 글씨인데 아직도 그 모양이 선명하다. '고산앙지'란 시경에 나오는 것으로, '높은 산처럼 우러러 사모한다'는 뜻이다. 시대적 배경으로 보아 김수증이 정암 조광조의 학덕을 우러러 사모한다는 의미에서 새겼던 것으로 추측된다.

STEP 03
천축사 { 왕들의 관심을 받은 사찰 }

경관이 뛰어난 이곳은 예부터 참선도량으로 이름난 곳이다. 신라 문무왕 13년(673), 의상대사는 이 자리에 맑고 깨끗한 석간수가 흐르자 옥천암이라는 암자를 세웠다. 1398년에는 조선 태조 이성계가 이곳에서 백일기도를 드린 후 왕위에 올랐다 하여 절을 새롭게 고치고 천축사라 이름을 바꾸었다. 성종 5년(1474)에는 어명으로 중창되었고, 명종 때는 문정왕후가 화류용상을 헌납하여 불좌를 만들었으니 천축사는 그야말로 왕들의 관심을 한몸에 받은 사찰이라 해도 과언이 아니다. 영험 있는 기도도량으로도 알려져 있는 이곳에 있는 무문관은 근대 6년 묵언 참선도량으로 유명하다. 법당 안에는 석가삼존상과 지장보살이 모셔져 있다. 지금도 도봉산 10대 명소로 손꼽히니 꼭 한번 들러보자.

> **TIP**
> 마당바위 앞에서는 도봉 탐방지원센터 방향으로 가야 천축사를 만날 수 있다.

추천 코스 02

도봉사 코스
인생을 가르쳐주는 코스

난이도	상 (중) 하
거리	약 5.6km
소요 시간	편도 1시간 25분(왕복 2시간 50분)
탐방 코스	도봉 탐방지원센터 → 도봉사 → 우이암

이 코스는 마지막에 다 보여준다. 우이암에 오르면 정말이지 잘 왔다는 생각이 든다. 이곳에서 보는 경치는 말로 형용할 수 없을 만큼 웅장하고 예쁘다. 발 아래 펼쳐진 세상을 보고 있으면 인생에 대한 답답하고도 우매한 질문들이 말없이 해결되는 느낌이다.

잘 나가다가 삼천포로 빠지는 게 무엇인지 제대로 알게 되는 코스다. 계단 형식으로 잘 정비되어 있는 길을 한참 걷다 보면 보문능선 구간에 우회 탐방로 안내문이 있다. 여기서 길을 우회해도 또 그렇지 않아도 힘든 구간을 한 번은 만나게 돼 있다. 한 곳은 급경사 암벽 지역이고 또 한 곳은 밧줄을 타고 바위를 올라야 한다. 이 코스는 원래 난이도를 '하'로 해도 되는 코스인데 한 번은 만나야 하는 난코스로 인해 난이도를 올렸다.

우이암
70분
도봉사
15분
도봉 탐방지원센터

🚗 찾아가는 길
지하철 1, 7호선 도봉산역 1번 출구에서 도보 15분

🚻 화장실
지하철역에서 내려 도봉산 등산로로 오는 길에 화장실이 있다. 이곳에서 볼일을 보고 출발하자. 이후에는 화장실을 찾기 힘들다.

🍽 음식점 또는 부대시설
지하철역에서 내려 10분 정도 걸으면 '우리술상'이 보이고, 이곳에서 조금만 더 도봉산 쪽으로 올라가면 '산두부'가 보인다. 도봉산에서 꽤 알아주는 맛집이다. 순두부백반, 두부찌개백반, 파전, 두부김치 등을 선보이는데 다 맛있다. 지하철역에서 가까운 곳에는 김밥을 판매하는 곳이 많다.

도봉사 코스의 볼거리

STEP 01

도봉사 {천년 역사를 품은 사찰}

우담바라는 불교에서 전해오는 행운의 꽃으로, 평소에는 꽃이 없다가 3,000년에 한 번 꽃을 피운다. 그런데 우담바라가 도봉사에도 나타나 사람들을 놀라게 했다. 도봉사는 고려 제4대 국사였던 혜거스님이 창건한 사찰로, 현종이 이곳에서 대장경 제작에 착수하여 6,000권 중 대부분을 완성한 사찰로도 유명하다. 현종은 고려 8대 임금으로 천추태후의 살해 위협으로 임금의 자리에 오르기 전 산 속에서 숨어 살기도 하였다. 현종의 친 이모이기도 한 천추태후는 대량원군으로 책봉돼 있던 현종의 앞길을 막기 위해 강제로 머리를 깎아 승려를 만드는 등 악행을 서슴지 않았다.
천 년 역사를 품은 도봉사는 오랜 세월의 흔적을 간직하고 있다. 고즈넉해서 생각을 정리하기에도 좋다.

오랜 세월을 품고 있는 도봉사의 이모저모

STEP 02
심우도 { 인생의 가르침을 주는 벽화 }

심우도(尋牛圖)는 마음을 찾아가는 그림이다. 자신의 본래 마음을 찾아 진리를 깨달아가는 과정을 비유한 것으로, 모두 10개의 장면으로 이루어져 있으며 사찰 법당의 외벽에 많이 그려져 있다. 주로 소와 소를 치는 목동 또는 스님이 등장한다. 여기에 나오는 소는 자아나 본성을 의미한다. 동자는 소를 찾기 위해 헤매다가 마침내 소를 발견한다. 소를 길들인 후에 그 소를 타고 집에 돌아왔으나 다시 소에 대한 것을 잊은 채 산다는 의미를 담고 있다. 도봉사 외벽에도 심우도가 그려져 있다. 잠깐 발걸음을 멈추고 심우도의 가르침을 되새겨보는 건 어떨지.

우이암에서
내려다본 풍경.
숨이 턱 막힐 정도로
아름답다.

추천 코스 03

회룡사 코스
생각 없이 무작정 걷기 좋은 길

도봉산 등산로 중에서도 쉬운 코스에 해당한다. 하지만 정해진 코스대로 걸어야지, 자칫 조금만 벗어나면 힘든 길을 만나게 된다. 거칠어 보이지만 계단 등으로 등산로를 잘 꾸며 놓아 위험하지는 않다. 여자가 걷기에 무난한 코스다.

난이도	상 중 하
거리	약 6.2km
소요 시간	편도 1시간 55분 (왕복 3시간 50분)
탐방 코스	회룡 탐방지원센터 → 회룡사 → 회룡사거리 → 송추 분소 → 송추 입구

진입로에서부터 회룡사거리까지는 오르막길이라 보면 된다. 오르막길이라 힘들어도 무서운 구간은 없다. 회룡사거리에서 송추 분소까지의 내리막길은 가파르지 않아 힘들거나 무섭지 않다. 하지만 사패능선 쪽은 무섭고 힘든 구간이라는 것을 기억하자.

송추 입구 — 30분 — 송추 분소 — 30분 — 회룡사거리 — 40분 — 회룡사 — 15분 — 회룡 탐방지원센터

🚗 찾아가는 길

지하철 1호선 회룡역 2번 출구로 나와 직진하다가 큰 도로가 나오면 북한산 국립공원(회룡계곡) 방향으로 걷는다. 조금 걷다 보면 북한산 둘레길로 향하는 이정표가 보인다. 이정표를 따라 5분 정도 올라가면 등산로와 만난다. 회룡역에서 회룡 탐방지원센터까지는 도보로 15분 정도 소요된다.

🚻 화장실

탐방지원센터 옆에 크고 깨끗한 화장실이 있다. 이후에는 송추샘과 송추 분소 부근에 가야 화장실을 만날 수 있다.

🍴 음식점 또는 부대시설

지하철 1호선 회룡역 2번 출구로 나와 등산로까지는 김밥과 짜장면 등을 파는 음식점과 슈퍼마켓이 몇 곳 있다.

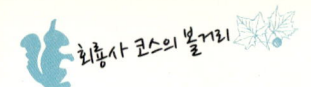

STEP 01
회룡사 석조 {조선시대의 생활용수 저장소}

회룡사는 신라 신문왕 1년(서기 681)에 창건된 사찰이다. 고려 공민왕 2년에 이성계가 100일 기도를 하던 중 관세음보살님의 현신을 친견한 곳이기도 하다. 회룡사 경내로 들어오면 회룡사 석조가 눈에 띈다. 경기도 문화재 자료 제117호로 지정된 이 석조는 생활에 필요한 물을 저장하는 용도로 제작된 것이다. 전체 길이 224cm, 폭 153cm, 깊이 67cm로 현존하는 석조 중에서는 대형에 속한다. 표면은 매끄럽게 처리되어 있고 바닥으로 내려가면서 완만하게 곡선을 이루어 시각적으로도 안정된 자태를 보인다. 이 석조는 고려시대에 조성된 서산 보원사지 석조에 버금갈 만한 규모와 솜씨를 지니고 있어 서울 인근의 사찰에서는 보기 드문 예에 속한다. 조선시대 석조 연구에 중요한 참고 작품으로 인정받고 있다.

STEP 03
송추계곡 {공기와 물이 맑은 곳}

길지만 비교적 완만하여 걷기 좋은 송추계곡은 국립공원 특별보호구로 지정된 곳이다. 송추라는 이름은 소나무 송(松)과 가래나무 추(楸)가 합해진 것으로 볼 때 이곳에 소나무와 가래나무가 많았음을 짐작할 수 있다. 숲이 내뿜는 깨끗한 공기와 맑게 흐르는 물을 만날 수 있는 이곳에는 식물, 곤충, 동물 등 자연생태계에 대한 해설이 적힌 안내 표지판을 설치한 자연 관찰로도 있다. 송추 관찰로는 1998년 1월 1일부터 일대를 '특별보호구' 구간으로 지정하여 사람들의 출입을 통제하였는데, 자연 스스로가 복원하는 경이로움을 보여주었다. 송추계곡을 통해서 사패산 쪽으로도 오를 수 있다. 사패산은 조선 선조의 여섯 째 딸인 정휘옹주가 유정량에게 시집 올 때 선조가 하사한 산이라고 한다.

STEP 02
회룡사 오층석탑 {조선시대의 석탑}

문화재의 보고라고 해도 손색이 없는 회룡사. 이름의 유래에는 두 가지 설이 있다. 하나는 이곳에서 기도를 드린 태조 이성계가 조선을 개국하고 나서 이곳을 다시 찾아와 절 이름을 '회룡사'라고 했다는 설이다. 또 하나는 이성계가 이곳에서 수도하던 무학대사를 찾아오자 무학대사가 '회란용가(回鸞龍駕)'라 하면서 기뻐하였다는 데서 유래되었다는 설이다. 회룡사 오층석탑은 전체적인 양식으로 보아 15세기에 건립된 석탑으로 추정된다. 조선시대 석탑 연구에 귀중한 자료로 평가되고 있으며 경기도 유형문화재 제186호로 지정되어 있다. 이 오층석탑은 단층 기단 위에 오층탑신을 올린 높이 3.3m 규모의 일반형 석탑이다. 지대석과 기단의 상면에는 연화문이 조각되어 있다.

1977 에베레스트 원정대의 꿈과 용기를 엿볼 수 있는 곳
국립공원 산악박물관

1977년 10월 7일 경향신문 7면에 '세계 정상을 밟은 최초의 한국인이 되다'라는 제목의 기사가 실렸다. 당시만 해도 히말라야는 그 이름만 들어도 오금이 저리는 무서운 존재 그 자체였다. 특히 한국인에게는 더 그랬다. 경향신문에 실린 이 기사는 신의 영역도 인간이 얼마든지 들어갈 수 있다는 희망을 심어주기에 충분했다. 기사의 내용은 이러하다.
1977년 9월 15일 낮 12시 50분, 한국인 최초로 고상돈이 세계 최고봉 에베레스트의 정상에 우뚝 섰다. 그는 자신보다 앞서 정상에 오른 중국팀이 남겨 두었다는 삼각 받침대가 보이지 않자 처음엔 에베레스트가 아닌 다른 봉우리에 올라온 것으로 착각하기도 했다. 그러나 셰르파와 서로 사진을 찍어주던 중 발 밑에 딱딱한 것이 밟혀 눈 속을 파보니 삼각대가 나왔고, 그제야 제대로 정상에 올라왔음을 확인할 수 있었다.
그리고 품 안에 고이 간직해온 세 명의 사진을 꺼내 만년설 아래에 묻었다. 1976년 설악산 공룡 능선에서 숨진 '1977 에베레스트 원정 3차 훈련대'의 최수남, 송준송, 전재운 대원의 사진이었다. 그들이 그토록 오르고 싶어했으나 생전에 오르지 못한 그 정상에서 고상돈은 무려 1시간을 머물렀다. 국가별로는 세계 8번째, 원정대별로는 14번째, 그리고 개인으로는

55번째로 에베레스트에 오른 그는 그곳에서 자연석 4개를 가져왔다.

신문에 소개되어 있는 고상돈은 한국 최초로 에베레스트 등정에 성공한 인물이다. 1948년 제주도에서 태어난 그는 고교 재학 시절 등산에 입문했다. 1970년에는 대한산악연맹에 가입하고 혹독한 동계 훈련으로 몸을 다졌다. 이후 1977년 9월 15일 세계에서 55번째로 해발 8,848m의 에베레스트 정상을 밟았다. 그리고 이듬해에 이희수(당시 29세) 씨와 결혼한 그는 아내가 임신 3개월이었던 1979년 5월 29일, 북미 최고봉인 맥킨리(해발 6,194m)에 올라섰다. 하지만 맥킨리를 정복한 그와 대원 2명(이일교, 박수훈)은 산에 뼈를 묻어야 했다. 하산하다가 실족하여 약 820m 아래로 추락한 것이다. 미국 원정대가 이 장면을 목격하고 급히 구조에 나섰지만 이미 고상돈과 이일교는 사망한 후였다. 국립공원 산악박물관에는 고상돈의 마네킹과 함께 에베레스트 원정대에 대하여 소개하고 있다. 그리고 원정 당시에 사용한 장비 등이 전시되어 있다. 1977년 에베레스트 원정 대원이 사용한 캐러밴 모자와 고글, 1993년 고 지현옥 대장이 에베레스트 등정 시 사용한 시계, 지금은 고인이 된 고 박영석 대장이 2001년 K2 등정 시 사용한 산소통 세트는 원정대의 용기와 꿈을 보여준다. 또 등산 필수품인 버너와 랜턴의 역사에 대해서도 설명해 놓았다.

이용 요금	무료
이용 시간	오전 10시~오후 5시(화요일~일요일)
	매주 월요일, 1월 1일, 명절 휴관
찾아가는 길	지하철 1호선 도봉산역 1번 출구에서 도보 15분. 도봉 탐방지원센터에서 광륜사 금강선원 방향으로 걷다 보면 왼편에 보인다.

03

서울특별시 관악구
경기도 과천시, 안양시

관악산

관악산은 서울 시민이 가장 즐겨 찾는 도심 속 자연공원이다. 도심에 자리한 산답지 않게 산이 깊다. 서울대학교도 관악산 품 안에 안겨 있다. 때문에 대학생으로 보이는 젊은이들이 많이 보인다. 조선왕조실록에 남아 있는 기록을 통해 옛날에 관악산에 호랑이가 살았음을 알 수 있다. 실제로 관악산에서 호랑이를 봤다는 한 할아버지의 이야기는 지금도 전해지고 있다.

*나는 산에 둘러싸여
책 읽는 것을 좋아한다.*

산속에 오도카니 자리 잡은 벤치에 앉아 책을 읽거나 음악을 듣노라면 어깨를 짓누르고 있던 피로가 싹 가시는 듯한 느낌이다. 인왕산 밑에 위치한 와룡공원과 관악산은 내가 자주 찾는 장소 중 하나다. 일단 산속에 들어가면 내가 종일 앉아 있을 자리부터 살핀다. 준비해온 주먹밥도 먹고 커피도 홀짝홀짝 마신다. 무심히 나무를 쳐다보거나 흘러가는 계곡물을 유심히 바라보기도 한다. 무엇보다 가장 좋아하는 건 라디오를 듣거나 책을 읽는 것이다. 기분 내키는 날에는 정상까지 올라갔다 내려온다. 산에서 할 수 있는 일은 정말이지 무궁무진하다. 산속에서의 하루는 짧게만 느껴진다.

　주변 사람들은 이런 나를 이해하지 못한다. 재미도 없는 산에 왜 그리 자주 가냐는 것인데, 그들은 모른다. 안 해 보았기 때문이다. 산은 삶을 즐겁게 만들어주는 최고의 장소다. 산에는 언제든 앉아 쉴 수 있는 벤치가 있고, 매일 봐도 질리지 않는 나무와 풀이 있다. 사람은 많이 만나면 탈이 나기도 하지만 산은 아무리 많이 만나도 권태롭지 않다.

　관악산을 자주 찾는 데는 특별한 이유가 있다. 관악산에는 하루 종일 앉아 쉴 수 있는 자리가 곳곳에 있다. 등산로 입구에도 있고 중간에도 있다. 관음사 코스에서 천지약수터를 발견했을 때 하마터면 '와~' 하고 10대 소녀처럼 소리를 지를 뻔했다. 그저 너무 좋아서.

　나는 인생살이의 무게가 버겁고 힘들 때면 관악산을 찾는다. 관악산에 들어가자마자 자리

를 잡고 앉는다. 나의 자리를 찾기란 그리 어렵지 않다. 곳곳이 명당이니까.

"이곳이 그렇게 좋단 말이지?"

나를 따라 관악산에 온 친구가 책을 펴며 말했다. 나는 친구에게 내가 사는 세계를 알게 해 주고 싶었다. 그녀도 나처럼 행복을 알게 되기를 바랐다. 친구와 나는 간격을 두고 앉아 가지고 온 책을 읽었다. 잠시라도 대화가 끊어지면 불안해하는 그녀였기에 내심 걱정이 되기도 했다. 하지만 기우였다. 그녀는 금세 책에 빠져들었다.

"이것도 나쁘지 않네."

한참 후 친구가 입을 열었다.

"거 봐, 내가 좋다고 했잖아."

"우리 동네에도 이런 산 있으면 좋겠다."

평소 그 산이 그 산이지 않냐며 대수롭지 않게 말하던 친구도 마음이 달라진 모양이었다. 관악산은 도심에 있어 애초부터 큰 기대를 하지 않고 찾아오는 사람도 내려갈 때는 전혀 다른 마음이 된다. 관악산은 그런 산이다. 오랜 시간이 만들어 낸 숲이 있고, 삶의 무게를 내려놓을 자리가 있다. 요즘도 시간이 날 때면 관악산으로 향한다. 미처 발견하지 못한 멋진 장소를 만나게 되기를 기대하며 말이다.

알고 보면 서울에도 좋은 곳이 참 많다.
이렇듯 멋진 기암 절벽, 깊은 숲, 그리고 또…

관음사
천년 역사를 간직한 사찰로 규모가 꽤 크다. 가을철, 감나무가 시선을 사로잡는다.

등산으로 생긴 갈증, 관음사의 물 한 모금으로 해소하자.

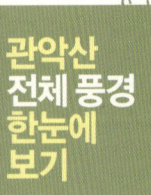

관악산 전체 풍경 한눈에 보기

관음사 코스 p.84

연주대
관악산에서 가장 힘든 코스의 중심. 기암 절벽 위에 지은 암자이다.

연주대
관악사지
● 연주암
● 깔딱고개

관악사지
조선시대의 절터로, 불교와 건축사 연구에 귀중한 유적이다.

관악사지의 임각문

돌탑
● 연주 약수터

돌길

● 수중동산

호수공원

관악산 관문

연주대 코스 p.80

출발

호수공원
철쭉과 단풍으로 사시사철 예쁜 호수. 관악산 입구에 위치해 있다.

추천코스 01

연주대 코스
멋 부리지 않은 듯 멋스러운 길

멀지 않은 곳에 도로가 있고 대학교가 있다는 것이 믿어지지 않는 코스다. 깊이 들어갈수록 울창한 산속에 갇힌 느낌이 든다. 그래서 더 좋다. 호수공원에서 연주암까지는 무섭지는 않지만 길이 거칠다. 그렇기에 더더욱 자연 속을 걷는 기분을 제대로 만끽할 수 있다.

난이도	상 ㊥ 하
거리	약 7.2km
소요 시간	편도 2시간 5분 (왕복 4시간 10분)
탐방 코스	관악산 관문 → 호수공원 → 연주 약수터 → 연주암 → 연주대

TIP 관악산 관문에서 제4야영장까지는 큰 오르막길이 없어 걷기에 좋다. 제4야영장에서 연주대까지는 오르막이라 부를 법한 길이 계속 이어진다. 특히 깔딱고개 구간은 제법 가파른 편이다. 연주암에서 정상까지는 끝이 보이지 않는 계단이 맞이한다.

연주대 — 20분 — 연주암 — 깔딱고개 — 45분 — 연주 약수터 — 50분 — 제4야영장 — 호수공원 — 10분 — 관악산 관문

🚗 찾아가는 길
지하철 2호선 서울대입구역 3번 출구로 나와 서울대 입구로 향하는 버스를 탄다. 버스에서 내린 후 서울대 쪽(왼편)이 아닌 오른편으로 걸으면 녹색 펜스가 보이고, 펜스가 끝나는 부분에 등산로로 진입하는 길이 보인다.

🚻 화장실
등산로 입구에 크고 깨끗한 화장실 있다. 가급적이면 이곳을 이용하도록 하자. 호수공원을 벗어나면 화장실을 만나기 어렵다. 연주암에도 화장실이 있다.

🍴 음식점 또는 부대시설
지하철 2호선 서울대입구역 3번 출구로 나와 서울대 입구로 오면 음식점이 모여 있는 곳이 보인다. 서울대 안에서 즐기는 식사도 괜찮다. 동원생활관 쪽에 위치한 '키친'에서는 파스타와 피자 등을 카페 분위기에서 맛볼 수 있다. 동원생활관 안에는 학생 식당과 매점도 있다.

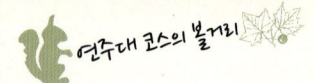
연주대 코스의 볼거리

가을이면
단풍으로 물드는
호수공원

멋스러운
풍경도 여유도
모두 있다.

STEP 01
호수공원 { 사시사철 예쁜 호수 }

관악산은 예로부터 경기금강 또는 소금강으로 불릴 정도로 아름답기로 명성이 자자한 곳이다. 봄에는 철쭉꽃이, 늦가을에는 단풍이 장관을 이루는 관악산은 정기가 뛰어난 것으로도 알려져 있다. 효자와 효부, 충신을 여럿 배출한 명산이기도 한데, 고려시대의 강감찬 장군과 조선시대의 신자하 선생이 대표적인 인물이다. 오늘날의 관악산도 옛 모습과 다르지 않다. 고운 자태를 뽐내며 산을 곱게 물들인 철쭉과 단풍은 최고의 볼거리를 선사한다. 특히 호수공원은 계절이 바뀔 때마다 다양한 옷으로 갈아입는다. 호수를 중심으로 그 자태를 뽐내는 호수공원은 관악산을 더 아름다운 모습으로 기억하게 만든다. 조선후기 영·정조 시대의 문예 중흥기에 정신적 지주였던 자하 신위 선생의 동상도 있으니 꼭 들러보도록 하자. 자하라는 선생의 호는 이곳의 옛 지명인 자하동에서 연유하였다고 한다.

찍지 마세요.
마음에
양보하세요.

STEP 02
연주대 { 아름다운 기암 절벽 위 암자 }

연주대까지 오르는 길은 관악산에서 가장 힘든 코스이자 제일 아름다운 코스다. 적어도 나는 그렇게 생각한다. 경기도 기념물 제20호로 지정된 연주대는 기암 절벽 위에 석축을 쌓아 터를 마련하고 지은 암자다. 연주대 주변은 경관이 매우 뛰어나서인지 내려오는 전설도 많다. 원래 신라 문무왕 17년(677), 신라의 승려였던 의상 대사가 이곳에서 조금 떨어진 곳에 관악사를 건립할 당시 함께 건립한 것으로, 의상대라고 불렀다고 전해진다. 관악사와 의상대는 연주암과 연주대로 이름이 바뀌었다.

이름이 붙은 유래에 대해서는 두 가지 이야기가 있다. 하나는 조선 개국 후 고려를 그리던 사람들이 이곳에 들러 개성을 바라보며 망한 왕조를 연모했다고 하여 연주대라 불렀다는 이야기다. 또 하나는 조선 태종의 첫째 왕자인 양녕대군과 둘째 왕자인 효령대군이 왕위 계승에서 밀려난 뒤 방랑하다가 이곳에 올라 왕위에 대한 미련과 동경의 심정을 담아 왕궁을 바라보았다 하여 연주대라 불리게 되었다는 이야기다.

STEP 03
관악사지 { 조선시대의 절터 }

연주암과 연주대 사이에 있는 관악사지는 경기도 기념물 제190호로 지정되어 있다. 조선시대의 절터로, 출토된 유물로 볼 때 왕실과 밀접한 관련이 있었음을 엿볼 수 있다. 관악산 정상부에 건립된 전형적인 산지가람 양식으로, 경기도 지역은 물론 전국적으로도 유례가 드문 사지다. 따라서 조선시대의 불교와 건축사를 연구하는 데 있어 귀중한 유적으로 평가받고 있다. 지금도 맑은 물이 솟아나고 있는 관악사지 우물과 관악사에 주석했던 승려나 불사에 참여했던 장인 또는 시주자의 이름으로 추정되는 명문이 새겨진 임각문은 관악사지를 찾는 사람들의 발길을 멈추게 한다. 관악사지에서 고개를 들어 위를 보면 연주대가 보인다.

> **TIP**
> 관악사지는 연주암과 연주대 사이에 있다. 연주암에서 연주대 방향으로 조금 걸어오다 보면 오른편에 관악사지로 가는 내리막 계단이 있다. 100m 정도 걸어 내려가면 왼편에 관악사지가 바로 보인다.

추천코스 02

관음사 코스
세월도 비켜간 분위기

난이도	상 중 하
거리	약 2.6km
소요 시간	1시간 35분
탐방 코스	천지약수터 → 상봉약수터 → 국기봉 → 관음사 → 사당역

등산로 입구에서부터 옛 정취가 물씬 풍겨나 분위기가 남다르다. 등산로도 여느 산에서 만나게 되는 그것과 다르다. 그 흔한 나무 계단도 쉽게 찾을 수 없다. 한마디로 자연 그대로다. 제법 큰 바위들은 제자리를 그대로 지키고 있다.

천지약수터에서 삼거리까지는 제법 힘든 오르막길로 큰 바위를 넘어서야 한다. 하지만 국기봉에서 관음사까지는 가파르지 않은 내리막길이라 힘들지 않다. 코스가 짧은데도 쉬어가기에 좋은 약수터가 두 곳이나 있다. 걷기만 하는 등산보다는 담소나 데이트가 목적인 사람들에게 알맞다.

TIP 이 코스는 등산로 초입을 찾기가 어렵다. 낙성대공원을 지나 서울대 방향으로 걸어오다 보면 왼편에 신한은행이 보이고 연구동 건물이라는 이정표가 보인다. 신한은행 뒤편의 연구동 쪽으로 가면 SK 등 기업체 건물이 보인다. 등산로는 갈색의 웅진(woongjin) 건물 옆에 있다. 건물 옆에 보면 산으로 들어갈 수 있는 작은 길이 보인다. 건물과 건물 사이에 녹색으로 된 철제 펜스가 둘러쳐져 있다. 철제 펜스를 따라 걷다가 웅진 건물 뒤쪽의 왼편 길로 가면 천지약수터와 만난다.

84 관악산

🚗 찾아가는 길
지하철 4호선 낙성대역 4번 출구에서 도보 15~20분(4번 출구로 나와 서울대 후문 방향으로 걷는다). 마을버스 관악02번을 이용하면 더 빠르다.

🚻 화장실
낙성대 공원에 크고 깨끗한 화장실이 있다. 이후에는 화장실을 찾기 어려우니 꼭 이곳에서 볼일을 보고 가자. 관음사를 지나면 화장실이 보인다.

🍴 음식점 또는 부대시설
서울대 안에는 비빔밥 전문점 '비비고(서울 관악구 신림동 산 56-1 서울대학교 내 자연과학대학 대학원 교육연구동 501동)'가 있다. 비비고 라이스, 돌솥비빔밥, 콩나물국밥 등을 선보이는데 분위기가 카페 같아 쉬기에 좋다. 지하철 4호선 사당역 주변에도 음식점이 많다.

관음사 코스의 볼거리

누구에게나
자리를 내어주는
천지약수터

STEP 01
천지약수터 { 시간이 멈춘 듯 아늑한 쉼터 }

이 약수터는 1970년경에 발견되었다. 이후 뜻있는 사람들이 마음과 정성을 모아 찾는 이들이 편히 쉴 수 있는 휴식처로 만들었다. 만들어진 때가 1970년대라서 그런지 약수터의 분위기는 시간이 그 당시에 멈추어 있는 느낌이다. 앉아서 쉴 수 있는 공간이 많아 본격적인 등산에 앞서 쉬어가는 사람이 많다. 아늑하고 조용해 책을 읽기에도 안성맞춤이다. 서울대 바로 뒤편에 있어 약수터 주변에서 운동을 즐기는 학생들도 간간이 보인다.

관악산에는 1,500여 봉우리와 구릉 곳곳에 사찰이 산재해 있고 약수터도 많다. 등산길에서 만나는 약수터는 마치 쉼표와 같다. 힘들지 않아도 일단 가방을 내려놓고 쉬게 된다. 삶에도 이런 쉼표가 있다면 얼마나 좋을까 하는 생각이 잠시 스친다. 우리네 인생에는 쉬어가라는 혹은 쉬어도 좋다는 표시가 정확히 없다. 천지약수터가 그 누군가의 발견으로 세상에 모습을 드러냈듯 인생의 쉼표도 누군가에 의해 발견되었으면 하는 생각이다.

천지약수터에는 물이 있고 쉼터가 있다.

STEP 02
상봉약수터 { 관악산의 비타민 같은 곳 }

천지약수터에서 20여 분 정도 올라가면 나오는 상봉약수터는 천지약수터만큼이나 크다. 운동 기구는 천지약수터보다 더 다양하지만 마찬가지로 1970~1980년대의 분위기가 느껴진다. 관악산은 '불기운의 산'이다. 조선 태조는 한양을 도읍으로 정할 때 한양을 에워싼 산 중에서 남쪽의 뾰족한 관악산을 화덕을 가진 산으로 보았다. 화기를 끄기 위해 경복궁 앞에 해태를 만들어 세우기도 하였다. 그 불을 다스리기 위함일까. 관악산에는 유난히 약수터가 많다. 상봉약수터에는 물소리보다 사람소리가 더 많이 들린다. 여기저기 모여 앉아 담소를 나누거나 운동 기구를 이용해 운동을 즐기는 사람들이 깊은 산중의 약수터에 활기를 불어넣는다.

|TIP|

상봉약수터에서 관음사로 가는 길은 자칫 헷갈릴 수 있다. 이정표에는 호암생활관과 마당바위로 가는 방향만 표시되어 있다. 왼편도 오른편도 아닌 위쪽을 선택하면 된다. 이 오르막길은 천지약수터에서 상봉약수터로 오던 길과 쭉 연결되어 있다. 길을 따라 올라가면 관음사로 향하는 이정표가 있는 삼거리가 나온다. 삼거리에서는 연주대 반대 방향 길인 왼편을 선택하면 된다.

상봉약수터에는 운동 기구가 많다.

STEP 03
관음사 { 천 년 역사를 간직한 곳 }

관악산 줄기의 북쪽 사면에 위치한 천 년 역사를 지닌 사찰로, 신라 말엽인 895년(진성여왕 9년) 도선국사가 창건한 비보사찰이다. 1977년 극락전을 해체할 당시에 발견된 상량문을 보면 조선조 숙종 42년인 1716년 4월 21일에 극락전을 개축하였고, 영·정조 시대에 쓰인 '범우고'와 '가람고' 및 '여지도서'에는 관음사에 대한 대강의 기록과 함께 사찰 근처에 승방벌이라는 마을과 승방교가 있었던 사실이 기술되어 있다. 기록으로 보아 당시 사찰의 규모가 상당히 컸음을 짐작케 한다. 물론 지금도 사찰의 규모는 제법 큰 편이다. 사찰 앞에 있는 감나무는 가을이면 등산객의 시선을 사로잡는다. 불자가 아니더라도 한번 들러볼 만하다.

주변의 둘러볼 곳

강감찬 장군을 떠올리게 하는 곳
낙성대 공원

강감찬 장군은 고려 현종 때의 장군으로 거란의 40만 대군을 물리친 것은 물론 귀주대첩을 승리로 이끈, 대한민국 오천 년 역사상 가장 훌륭한 장군 중 한 사람으로 기억되고 있다. 낙성대는 바로 그런 위대한 강감찬 장군이 태어난 장소다. 고려 정종 3년 봉천동에서 삼한벽상공신 궁진의 아들로 태어났는데, 장군이 태어날 때 이곳에 별이 떨어졌다고 하여 낙성대라 이름 붙여졌다. 낙성대 안에 있는 삼층석탑은 고려 백성들이 강감찬 장군의 공적을 기리기 위해 세운 것으로 현재 강감찬 장군의 사당인 '안국사'에서 볼 수 있다.

강감찬 장군에 관한 여러 설화는 〈세종실록〉과 〈동국여지승람〉에 수록되어 전해진다. 강감찬 장군의 아버지가 훌륭한 아들을 낳기 위해 많은 노력을 기울인 끝에 여우여인과 관계를 맺어 낳은 것이 장군이라는 설도 있다.

또 소년 원님으로 부임한 강감찬 장군이, 나이 어린 그를 얕잡아보는 관속들에게 뜰에 세워둔 수숫대를 소매 속에 다 집어넣어 보라고 하였다. 관속들이 불가능하다고 말하자 강감찬 장군은 "겨우 일 년 자란 수숫대도 소매에 다 집어넣지 못하면서 20년이나 자란 원님을 아전이 소매 속에 집어넣으려 하느냐"며 호통쳤다. 또한 남산에 사는 수백 년 된 호랑이가

중으로 변신하여 길을 지나는 사람을 닥치는 대로 해친다는 민원을 듣고, 편지로 호랑이를 불러와 크게 꾸짖어 앞으로 새끼를 평생에 한 번만 낳고, 몇몇 산에서만 살게 했다는 이야기도 전해진다.

현재 낙성대는 서울특별시 유형문화재 제4호로 지정되어 있는데 주변이 공원으로 조성되어 있어 역사와 문화, 자연을 느낄 수 있다. 낙성대 공원 안에는 강감찬 장군의 동상과 강감찬 장군의 사당인 안국사를 비롯, 책을 읽거나 이야기를 나눌 수 있는 공간도 마련되어 있다.

이용 요금   무료
찾아가는 길   지하철 4호선 낙성대역 4번 출구에서
                서울대 후문 방향으로 도보 10분.
                마을버스 관악02번을 이용하면 더 빠르게 올 수 있다.

04

경기도 안양시

삼성산

삼성산은 서울의 관악구, 금천구와 경기도 안양시에 걸쳐 있다. 때문에 삼성산을 관악산으로 알고 오르는 이들도 적지 않다. 관악산과 마찬가지로 돌산이지만 분위기는 전혀 다르다. 삼성산은 좀 더 여성적인 분위기랄까. 지금으로부터 1,300여 년 전인 신라 문무왕 17년(677)으로 거슬러 올라가는 유서 깊은 삼막사는 산을 찾는 이들에게 색다른 볼거리를 제공한다.

집, 학교, 집을 기계적으로 반복하던 시절이 있었다.
그때 내 또래의 대부분은 그렇게 살았다.

지루한 하루하루를 견뎌낼 수 있었던 것은 좀 더 나은 미래를 꿈꾸었기 때문이다. 그렇게 살면 장밋빛 미래를 거머쥘 수 있을 줄만 알았다. 그런데 성인이 된 지금 내 손에 쥐어진 것은 학교가 회사로 바뀌었을 뿐 집, 회사, 집이 반복되는 나날이다. 앞만 보고 달리다 정신을 차리고 보니 나는 두발자전거에 올라타 있었다. 페달 밟기를 멈추는 순간 넘어지는 아슬아슬한 인생길 말이다. 세상은 나에게 나이를 먹여놓고는 나더러 다 책임지라고 말한다. 그러나 나는 이대로 살다가 죽을 수 없다. 길어 봤자 백 년인 인생 아닌가. 천년만년 사는 것도 아닌데.

인생은 무엇인가. 사람은 무엇으로 사는가. 이런 유치한 질문을 안고 삼성산을 찾았다. 그런데 삼성산은 얄밉게도 내 질문에는 관심을 보이지 않았다. '나 좀 봐봐', '여기도 좀 보라니까' 하며 자기 모습을 보여주기에만 급급했다. 외국에서나 볼 법한 사찰 풍경과 곱게 물든 단풍, 이야기를 간직하고 있는 문화재는 내 눈과 마음을 빼앗았다. 그리고 무엇보다 오르는 데 힘이 들어 이것저것 생각이 비집고 들어올 겨를이 없었다. 복잡한 잡념은 정상에 가까워질수록 거짓말처럼 사그라졌다.

산을 찾는 것은 아름다운 세계로 들어가겠다는 마음의 준비와도 같다. 페달 밟기를 잠시 쉬어도 된다는 것을 의미한다. 아무 생각 없이 땀을 뻘뻘 흘리며 정상까지 갔다가 내려오면 다 해결된다. 나 스스로에 던지는 질문이나 고민 따위는 애당초 별것 아니었음을 깨닫는다. 생각

할 것 많고 고민할 것 많았던 그때, 삼성산이 없었다면 정말 힘들었을 거다.

  요즘도 인생의 페달 밟기가 버거울 때면 삼성산을 찾는다. 나는 안양예술공원 입구에서 출발하는 삼막사 코스와 관악산 관문에서 출발하는 정상 코스를 좋아한다. 이 두 곳을 '사색의 길'이라는 나만의 이름으로 부른다. 그 이유는 아무 생각 없게 만들기 때문이다. 삼막사 코스는 돌이 많아 땅만 보며 걸어야 하고, 정상 코스 역시 돌과 계단이 많아 땅에서 눈을 뗄 수 없게 하니 생각을 하려야 할 수 없다.

  정상 코스는 가벼운 운동화를 신고 찾아도 무난하다. 나무 계단이 잘 조성되어 있고 깔딱 고개 부분만 제외하면 길 자체는 그렇게 힘들지 않다. 옆에 대학교가 있어서인지 주중에는 평상복과 가벼운 운동화 차림으로 산을 오르는 학생들을 심심찮게 볼 수 있다. 등산화를 신지 않아도, 등산복을 입지 않아도 흘깃거리며 눈총 주는 사람이 없다. 사람이 많이 다니기 때문에 혼자 오르기에도 적당하다. 가방 하나 달랑 어깨에 둘러메고 음악을 들으며 홀로 산을 오르는 여대생의 모습에서 부러운 마음을 감출 수 없었다. 나도 좀 더 일찍 삼성산을 알았더라면, 그랬다면 인생이 덜 힘들게 느껴졌을 텐데.

산에서의 시간은
느리게 흐른다.
그 속에는
약간의 조급함이나
불안함도 없다.

추천코스 01

삼막사 코스
소원도 빌고 등산도 하고

삼막사에는 소원을 빌 수 있는 곳이 있어 등산의 재미를 더해준다. 남녀의 성기 모양과 닮았다 해서 남녀근석이라 이름이 붙은 바위에는 아이 가지기를 원하는 사람들이 찾아와 소원을 빌기도 한다. 꽤 영험이 있다고 하니 건강과 출산을 바란다면 속는 셈 치고 한번 빌어보자.

난이도	상 중 하
거리	약 4.8km
소요 시간	편도 1시간 40분(왕복 3시간 20분)
탐방 코스	안양예술공원 입구 → 염불사 → 삼막사 → 마애삼존불상

마애삼존불상
삼막사 10분
40분
염불사
50분
안양예술공원 입구

버스 종점에서 내리면 안양예술공원 입구와 만난다. 안양예술공원에서 염불사까지는 포장도로이고, 염불사에서 삼막고개 쉼터까지는 조금은 거친 바위길이 이어진다. 삼막고개 쉼터에 올라선 후 우측으로 걸으면 저 멀리 삼막사가 보인다. 삼막고개 쉼터에서 삼막사까지의 길은 그리 험하지 않아 능선을 걷는 기분이다. 한참 걷다 보면 막다른 길에서 잘 만들어진 좁은 돌길을 만나게 된다. 돌길로 진입해서 왼편(내리막)으로 가면 삼막사가, 오른편(오르막)으로 가면 마애삼존불상과 남녀근석이 나온다.

TIP 버스 정류장에서 내려 도로를 따라 한참을 걷다보면 'I Saw U.F.O(10월 14일 13:35분 나는 유에프오를 보았다)' 작품이 보인다. 고개를 들어 위를 올려다보면 염불사 이정표가 보이고 이정표를 따라 좌측 길로 들어가 쭉 올라가면 염불사와 만날 수 있다.

🚗 찾아가는 길
지하철 1호선 안양역 1번 출구로 나오면 버스 정류장이 있다. 이곳에서 마을버스 2번을 탄 후 종점에서 내린다. 버스에 승차하기 전에 안양예술공원으로 가는지 반드시 확인하고 탑승하자.

🚻 화장실
종점에서 내린 후 도로를 따라 쭉 걷다 보면 오른편에 큰 건물인 알바로 사자홀이 있는데 이곳에 화장실이 있다. 이후에는 화장실을 찾기 어려우니 이곳에서 꼭 볼일을 해결하자.

🍽 음식점 또는 부대시설
마을버스 2번 종점에서 안양예술공원까지 이르는 길은 경기도 음식 문화의 거리다. 커피숍을 비롯하여 짜장면집, 칼국수집 등 다양한 음식점이 늘어서 있다. 경기도 음식 문화의 거리를 벗어나 등산로로 진입하면 음식점과 매점을 찾기 어렵다.

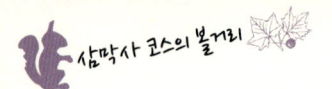

세 자 모두
'거북 귀' 자로,
왼쪽 두 자는
상형문자이다.

STEP 01
삼귀자 { 돌에 새겨 넣은 독특한 문양 }

삼막사에 들어서면 바위면을 다듬어 음각으로 새겨 넣은 세 가지 형태의 거북 귀(龜) 자가 사람들의 발길을 붙잡는다. 이 글자는 조선말기 종두법을 실시한 지석영의 형 지운영(1982~1935)이 새겨 넣은 것이다. 지운영은 재주가 많은 사람으로 서화가이자 정치가, 사진가였다. 일본에서 사진 기술을 배워와 서울에 사진관을 개업하기도 했다. 그리고 조선 정부의 극비 지령을 받고 개화파의 일원인 김옥균과 박영효를 암살하기 위해 일본에 특파되었다가 암살 작전이 실패로 돌아가 유배 생활을 하게 되었다. 유배 생활이 끝난 후 그는 삼막사 위에 백련암을 짓고 은거에 들어갔고 당시 '삼귀자'를 새겼다. 전서체로, 우측 각자머리에 '관음몽수장수 영자'라고 적은 것으로 보아 꿈에서 관음보살을 본 후에 글자를 새겼음을 짐작할 수 있다. 그리고 좌측에 '불기 2947년 경신중앙 불제자 지운영 경서'라는 명문으로 보아 1920년에 쓴 글자임을 알 수 있다.

작지만 확연히 눈에 띄는 삼층석탑

STEP 02

삼층석탑 {삼막사 경내에 있는 탑}

삼막사는 신라시대에 승려 원효가 건립한 뒤 조선 초기의 승려 무학이 중수하였고 승려 서산 등이 수도한 곳으로 전해지고 있다. 조선 고종 17년에는 명부전도 건립하였다. 삼막사는 역사적으로도 그 가치를 인정받고 있다.

삼막사 경내에 들어서면 경기도 유형문화재 제112호로 지정되어 있는 삼층석탑이 눈앞에 보인다. 이것은 삼막사 승도인 김윤후가 몽고군의 원수인 살이타이를 살해, 싸움에서 이긴 승적을 기념한 탑이다. 높이는 2.55m로 그렇게 크지 않다. 하지만 그 모습은 경내에서 단연 눈에 띈다. 전체적으로 둔중한 편으로 고려시대의 특징이 잘 나타난다. 고개를 들어 올려다보아야 보이지만 비교적 가깝게 관찰할 수 있다.

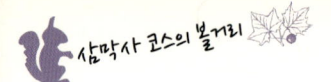

동전이 곳곳에 붙어 있는 여근석

STEP 03
남녀근석 { 효험이 있다고 소문난 바위 }

경기도 민속자료 제3호로 지정되어 있는 남녀근석은 아이 갖기를 원하는 사람들의 발길이 잦은 곳이다. 2개의 자연 암석으로 된 남녀근석은 그 모양이 마치 남녀의 성기 모양과 닮았다 하여 붙은 이름이다. 전하는 말에 의하면, 신라 문무왕 17년(677) 원효가 삼막사를 건립하기 이전부터 이 남녀근석은 토속신앙의 대상으로 숭배되었다고 한다. 이 바위를 만지면 순조로운 출산을 하게 됨은 물론 가문의 번영과 무병, 장수에 효험이 있다고 알려져 4월 초파일과 7월 칠석날이면 전국 각지에서 사람들이 몰려와 촛불과 과일을 차려 놓고 치성을 드린다. 바위에는 사람들이 소원을 빌며 붙여 놓은 동전이 가득하다. 10원부터 시작해 500원 동전까지 붙어 있는데 경사진 면에서도 동전이 떨어지지 않고 붙어 있는 것이 참 신기하다.

소원 바위로 알려진 남근석

STEP 04

마애삼존불상 {잔잔한 미소가 인상적인 불상}

남녀근석 바로 앞에 있는 마애삼존불상은 경기도 유형문화재 제94호로 조선 영조 39년(1763)에 만들어졌다. 석굴사원 양식으로 암벽을 얕게 파서 만들었다. 중앙의 본존불을 중심으로 좌우에는 협시보살을 거느린 삼존불로 모두 연화좌 위에 앉아 있다. 불상이 모셔져 있는 칠성각은 조선 영조 40년(1764)에 세워졌다. 사각형에 가까운 얼굴은 잔잔한 미소를 띠고 있고, 옷은 두 어깨를 모두 덮은 통견으로 가슴에는 내의인 군의의 매듭이 표현되어 있다. 이 마애불은 전체적인 모습을 볼 때 얼굴과 당당한 어깨 등 상체 표현에 치중한 느낌을 주는데, 이는 조선 불상의 형식으로서는 파격적이라고 할 수 있다. 칠성각은 마치 산속에 덩그러니 자리한 작은 사찰의 느낌이며 주변 풍경 또한 뛰어나다. 삼막사는 서울 주변 4대 명찰의 하나로 꼽히는데, 그 이유를 칠성각에서도 찾을 수 있다.

암벽에 새겨진 마애삼존불상. 얼굴과 당당한 어깨 등 상체 표현에 중점을 둔 듯하다.

103

추천 코스 02

정상 코스
도심 속 천연 공기청정기

난이도	상 ㊥ 하
거리	약 7.0km
소요 시간	편도 2시간(왕복 4시간)
탐방 코스	관악산 관문 → 제2광장 → 깃대봉 → 삼성산 정상

조금만 올라가도 도심과는 전혀 다른 기운을 느낄 수 있는데, 그 이유는 다름 아닌 공기 때문이다. 바로 아래에 도로가 있다는 것이 믿기지 않을 정도로 공기가 맑고 신선하다. 근처에 대학교가 있어서인지 대학생으로 보이는 젊은이들이 눈에 많이 띈다. 사람이 많아 여자들이 걷기에 안전한 편이다.

관악산 관문에서 제1깔딱고개까지의 길은 비교적 걷기에 무난하다. 특히 제2광장은 앉을 수 있는 의자가 많다. 깔딱고개 부근에 들어서면서는 가파른 오르막을 올라야 하므로 조금 힘들어진다. 깔딱고개를 넘어 걷다 보면 왼편에 오래돼 보이는 거대한 바위가 나타나고 이 바위 위에 깃대봉이 있다. 거북바위에서 삼성산 정상까지는 포장도로인데 길이 그닥 멋지지는 않다. 때문에 대부분의 사람들이 깃대봉이나 거북바위에서 쉰다.

찾아가는 길
지하철 2호선 서울대입구역 3번 출구로 나와 서울대 입구로 향하는 버스를 탄다. 버스에서 내려 서울대 쪽(왼편)이 아닌 오른편으로 걸으면 녹색 펜스가 보이고 펜스가 끝나는 곳에 등산로로 진입할 수 있는 길이 보인다.

화장실
등산로 입구에 크고 깨끗한 화장실이 있다. 제2광장에도 화장실이 있지만 이후에는 찾기 어렵다.

음식점 또는 부대시설
지하철 2호선 서울대입구역 3번 출구로 나와 오른편으로 보면 사누끼면을 선보이는 '미소야'가 있다. 버스 정류장과 가까이 위치해 있다. 메밀국수, 우동, 초밥 등을 맛볼 수 있다. 이외에도 주변에 커피숍과 음식점이 상당히 많다.

대학생들이
유난히 많은
정상 코스

정상 코스의 볼거리

망중한을
즐기는 등산객

STEP 01
깃대봉 { 멋진 경치가 내려다 보이는 곳 }

끝이 없을 것 같은 길을 오르고 또 오른다. 쉴 새 없이 땀이 흐르고 숨이 턱까지 차오른다. 그렇게 한참을 오르다보면 정상 가까운 곳에 기이한 바위가 보인다. 바로 깃대봉(국기봉)이 있는 바위다. 바위 옆을 지날 때면 마치 동굴 속을 걷는 듯한 묘한 기분이 든다. 그 빛깔도 삼성산에서 보이는 여타 바위의 그것과는 많이 다르다. 그래서인지 눈에 확 띈다. 바위 위에서 바라보는 경치는 가히 수준급이다. 하지만 국기 쪽으로 너무 가까이 다가가는 것은 위험하므로 주의해야 한다. 사고가 자주 발생하는 곳이니 되도록 깊숙이 올라가지는 말 것!

정상 코스의 볼거리

STEP 02
거북바위 { 쉬어가기에 좋은 바위 }

삼성산 정상 가까이에 자리한 거북바위는 마치 거북이의 등처럼 널찍해서 쉬어가기에 좋다. 거북바위로 오는 도중에는 1997년 10월 울산에서 검거된 부부 간첩 최정남, 강연정의 행적도 볼 수 있다. 두 간첩 부부는 삼성산 등산로 부근에 장비를 은닉했다가 발각되었는데, 무전기와 김일성 부자에게 보내는 충성 맹세문, 주민등록등본과 지하철공사 직원 인사기록카드 등이 있었다. 부부 간첩 최정남과 강연정을 수사하는 과정에서 서울지하철공사에 근무하는 심정웅이 40여 년간 고정 간첩으로 활동한 사실도 밝혀졌다. 거북바위는 깔딱고개를 건너야 만날 수 있는 곳이라 더 반갑다. 거북바위로 정상까지는 5분 정도 소요된다. 하지만 정상까지는 가급적 가지 않는 것이 좋다. 좋은 경치를 감상하고 싶다면 거북바위로 오는 길에 거치는 깃대봉에서 배낭을 내려놓고 쉬도록 하자.

STEP 03
마애부도 { 자세히 봐야 보이는 불상 }

거북바위에서 삼막사 방향으로 조금만 걸어가면 만날 수 있다. 바위에 불상이 새겨져 있는데 비와 바람에 씻겨나간 탓인지 그 모습이 선명하지는 않다. 하지만 규모는 상당히 크다. 마애부도는 바위벽에 부도를 조각한 것을 말하는데, 부도란 스님이 열반에 들어간 후 사리나 유골을 모시는 묘탑이다. 암벽에 조성된 부도는 바위벽을 얇게 갈아낸 후 상단에는 화문형을, 하단에는 사리 감실을 만들어 부도를 조성하였다. 정확한 연대는 알 수 없으나 조선 후기의 부도로 추정하고 있다.

자연과 예술이 만나는 곳
안양예술공원

안양예술공원은 과거에는 서울 근교 유원지로서 많은 사랑을 받았던 곳이다. 안양유원지개발사업과 APAP 2005를 통해서 예술공원으로 거듭난 이곳에는 세계 각국의 예술가, 디자이너, 건축가들의 작품이 전시되고 있다. APAP란 안양공공예술프로젝트(Anyang Public Art Project)의 약칭으로 문화와 예술을 도시 개발과 발전의 중심 개념으로 설정하는 프로젝트이다. 안양예술공원의 가장 큰 특징은 울창한 숲에서 예술 작품을 감상할 수 있다는 점이다. 자연과 조화를 이룬 예술 작품은 특별한 감동으로 다가온다.

이용 요금	무료
작품 관람 소요 시간	약 2시간
찾아가는 길	🚇 지하철 1호선 관악역 2번 출구에서 도보로 10분.
	🚇 지하철 1호선 안양역 2번 출구에서 마을버스 2번 이용하여 종점 하차.

05

서울특별시 종로구

인왕산

인왕산은 서울 최고의 조망을 자랑한다. 그래서인지 외국인들도 즐겨 찾는다. 높지도 험하지도 않은 산의 능선은 서울 성곽을 따라 뻗어 있어 걷기에 최고다. 청와대와 가까운 탓에 가슴 아픈 일도 겪어야 했다. 1968년 박정희 대통령을 죽이기 위해 북한에서 침투한 무장공비 사건이 있은 이후 25년 동안 시민들의 품을 떠나야 했던 산이다. 인왕산은 매주 월요일(공휴일인 경우 다음날) 등산로 진입이 통제된다.

"서울에 살면서 이 정도 행복은
누리고 살아야 하지 않겠니?"

선배는 인왕산 정상에서 나에게 이렇게 말했다. 인왕산은 깍쟁이 같은 서울이 슬쩍 선심 쓰듯이 내놓는 보너스 같은 곳이었다. 약속이라고는 친구와 만나서 영화 보고 밥 먹고 하는 것이 전부인 내가 안돼 보였는지 선배는 나를 데리고 인왕산을 올랐다. 당시 나는 '사는 게 지겨워 죽겠다'는 말을 입에 달고 다녔다. 하루하루 치열하게 돌아가는 서울 생활에 제대로 염증을 느끼고 있었다. 나이도 젊은데 딱히 갈 곳이 없었다. 그렇다고 오라는 데가 있는 것도 아니었다. 인왕산과 나의 소개팅은 성공적이었다. 선배의 생각이 옳았다. 인왕산은 나의 마음을 즐겁게 해주었을 뿐 아니라 사는 재미까지 느끼게 해주었다. 지방 출신인 선배도 한때는 나처럼 삶의 무게에 힘들어했다고 한다. 그러다가 서울의 산을 알게 되었고 그때부터 서울 생활이 즐거워졌다고.

인왕산은 아래에서 보면 잘 보이지 않는다. 그저 그런 산으로 보인다. 하지만 막상 올라가면 아까 보던 그 산이 맞나 싶을 정도로 완전히 다르다. 산 위에 서면 서울이 마치 그림 같다. '내가 살고 있는 곳이 그런대로 괜찮은 곳이구나'하는 생각이 들어 괜히 뿌듯하다. 인왕산은 외국인도 많이 찾는다. 특히 서양인들이 많고 일본이나 중국 등 동양인은 만나기 힘들다. 서

양 사람들 사이에서 인왕산은 꼭 가봐야 할 서울의 여행지 중 하나로 소개되어 있는 게 분명하다. 등산화를 신지 않고 오른 그들을 보면 누군지는 몰라도 인왕산에 대해 제대로 알려준 것 같다. 인왕산은 산책하듯 가볍게 오를 수 있는 산이라고.

그들은 정상에 오르면 하나같이 눈을 크게 뜨고 감탄사를 연발한다. 다들 가방에서 카메라를 꺼내 이국적인 서울의 풍경을 담기에 바쁘다. 만수천 약수터를 지나는 코스와 부암동사무소를 지나 올라가는 코스는 무난해서 한국 지형에 익숙하지 않은 외국인이나 여자들이 걷기에 좋다. 성벽 사이로 보이는 풍경을 감상하면서 걸으면 오르막길도 그리 힘들게 느껴지지 않는다.

도시 생활은 나 자신과 만나는 시간을 쉽게 허락하지 않는다. 나만의 시간을 갖지 못하는 사람은 행복을 느끼기 힘들다. 이런 악순환이 반복되면 결국 자신을 잃어버리고 만다. 아는 분의 트위터에 이런 글귀가 있었다.

'너무 앞만 보고 뛰면 영혼이 미처 몸을 따라오지 못해서 정신이 없어진대요.'

인왕산은 내 안의 나를 만나는 시간을 허락한다. 세상도 넓게 보여준다. 산에서 행복해지지 않기란 어려운 일이지만 인왕산은 더욱 그렇다.

114 인왕산

인생을 행복하게 사는 방법은 간단하다.
산에 오르면 된다.

기차바위
기차를 연상시키는 모습의 바위. 이곳에서 보는 서울의 풍경은 일품이다.

반계 윤웅렬 별장

개미 마을

기차바위

기차바위 코스 p.118

인왕산 전체 풍경 한눈에 보기

성곽길(계단길)

치마바위

치마바위
중종과 단경왕후 신씨의 애절한 전설의 현장

서울이 한눈에 보이는 치마바위

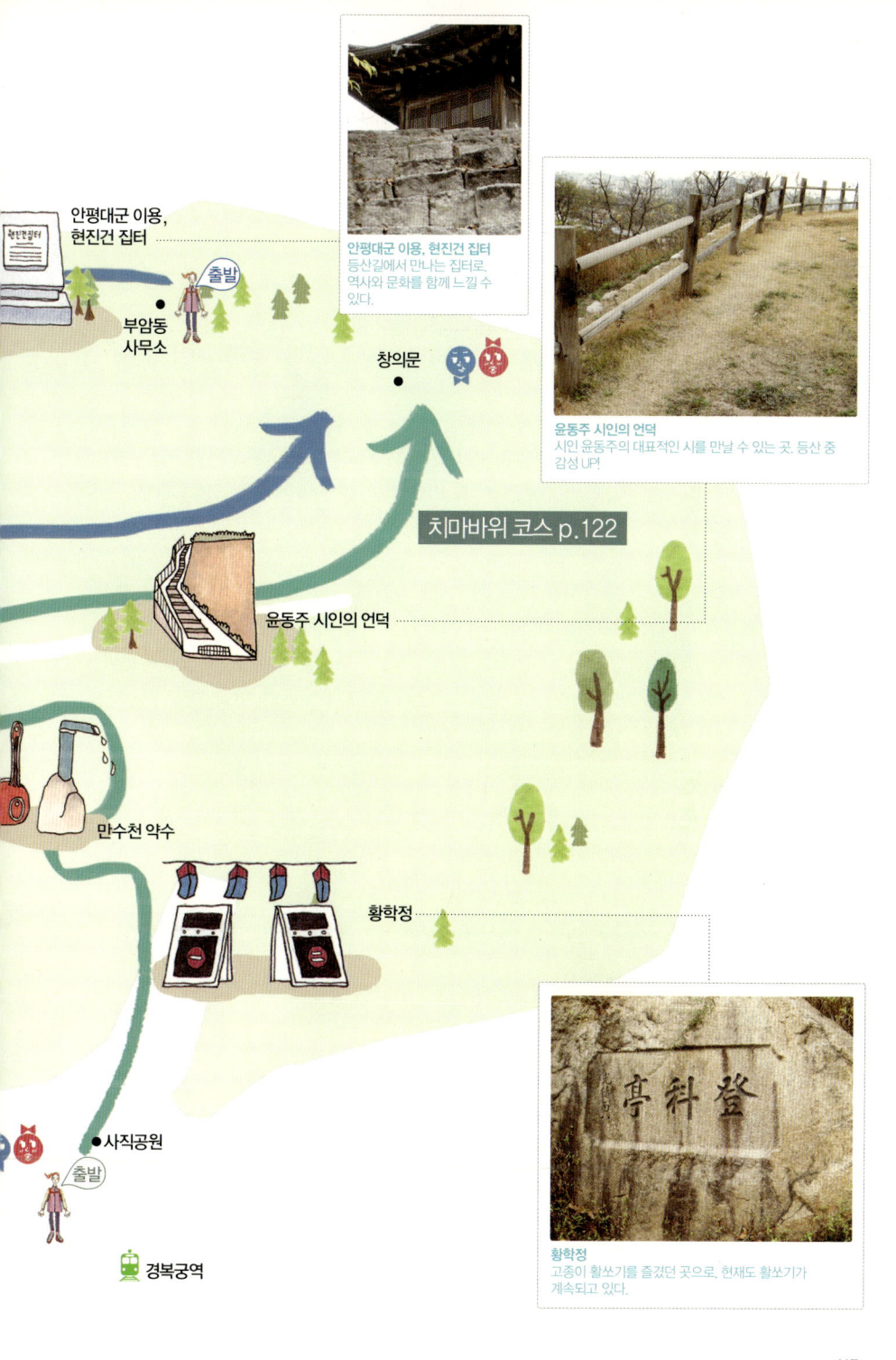

추천 코스 01

기차바위 코스
아름다운 서울 풍경을 마주하다

거대한 암벽으로 되어 있는 기차바위는 보기에는 무섭지만 실제로 올라보면 그렇지도 않다. 여자들도 쉽게 오를 수 있다. 기차바위에 올라서면 서울의 풍경이 한눈에 보이는데, 어딜 봐도 예쁜 모습 일색이다. 옹기종기 모여 있는 집들은 한 폭의 풍경화 같다.

난이도	상 중 ⓗ
거리	약 3.3km
소요 시간	편도 1시간 20분(왕복 2시간 40분)
탐방 코스	부암동사무소 → 반계 윤웅렬 별장 → 등산로 → 기차바위 → 창의문

안평대군 이용과 현진건 집터를 본 후 반계 윤웅렬 별장을 지나면 대나무 숲으로 둘러싸인 좁은 길이 보인다. 이 길은 사유지이므로 조용하고 깨끗하게 이용하도록 하자. 무성한 소나무 숲을 통과하면 기차바위가 반긴다. 바위에 올라서면 주변 풍경이 한눈에 들어온다.

118 인왕산

🚗 찾아가는 길

지하철 3호선 경복궁역 3번 출구로 나와 2분 정도 걸으면 버스 정류장이 보인다. 이곳에서 부암동사무소로 가는 버스를 탄다. 버스에서 내린 후 길을 건너면 부암동사무소와 만날 수 있다.

TIP 윤동주 시인의 언덕에서 길을 건넌 후 버스를 타면 경복궁 반대 방향으로 향한다. 지하철 경복궁역으로 가고 싶으면 길을 건너지 말고 버스를 타야 한다.

🚻 화장실

주말을 제외하고는 부암동사무소 화장실을 이용하면 된다. 가급적이면 지하철역에서 볼일을 보고 출발하는 것이 좋다.
공중 화장실은 윤동주 시인의 언덕 길 건너 북악산 탐방로 입구에 있다.

🍽 음식점 또는 부대시설

부암동사무소 주변에는 조용하고 깨끗한 음식점이 많고 편의점과 커피숍도 있다. 부암동사무소에서 경복궁역 방향으로 가면 만두를 판매하는 천진포자도 있다.

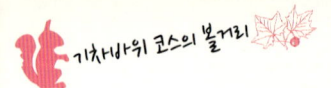

STEP 01
안평대군 이용과
소설가 현진건의 집터
{ 길에서 만나는 집터 }

부암동사무소에서 2분 정도만 올라가면 안평대군 이용과 현진건 집터를 만날 수 있다. 안평대군 이용은 세종대왕의 셋째 아들로 꿈에서 본 무릉도원 자리에 정자를 세워 글을 읽고 활을 쏘며 심신을 단련하였다고 한다. 안평대군은 한때 이곳에서 원대한 꿈을 꾸었지만 계유정난으로 목숨을 잃었다. 이 집터는 현재 서울시 유형문화재 제22호로 지정되어 있다. 안평대군 이용 집터에서 도보로 1분 거리에 있는 현진건 집터는 말 그대로 집터 표시만 덩그러니 있어 아쉬움이 크다. 현진건은 대구 출생으로 근대문학 초기 단편소설의 양식을 개척하고 사실주의 문학의 기틀을 마련한 소설가다. 작품으로는 소설 〈운수 좋은 날〉, 〈무영탑〉, 〈B사감과 러브레터〉 등이 있다. 평생을 친일 문학에 가담하지 않은 채 빈곤한 생활을 하다가 1943년 결핵으로 세상을 떠났다. 현진건의 친형 현정건도 상하이에서 독립운동을 하다가 체포되어 평양의 감옥에서 숨을 거뒀다.

안평대군 이용의 집터 앞에 있는 오래된 나무

현진건 집터였음을 알려주는 표지석

TIP
부암동사무소(부암동 주민센터)를 마주한 상태에서 오른편으로 보면 붉은 벽돌로 만들어진 음식점 '오월' 건물이 보인다. 여기서 부암동사무소와 '오월' 건물 사이의 큰길 말고, '오월' 건물과 다른 상가 건물 사이에 있는 작은 골목길로 들어가야 안평대군 이용의 집을 만날 수 있다. 2분 정도만 걸으면 우측으로 보인다.

STEP 02
반계 윤웅렬 별장
{ 근대 서울 한옥의 변화상을 보여주는 곳 }

이 집은 무관 출신으로 군부대신을 지낸 윤웅렬이 창의문 밖 경승지에 지은 별장이다. 윤웅렬은 개화파 지식인으로 독립협회에 참가하여 서재필 등과 함께 국민계몽에 힘을 쏟은 윤치호의 아버지인데, 윤웅렬이 죽은 후에는 셋째 아들 윤치창이 이 집을 상속받았다. 윤치창은 집을 상속받은 후 안채 등 한옥 건물을 추가로 지었다. 1906년에 건립된 이 집은 현재 서울특별시 민속자료 제12호로 지정되어 있다. 건물은 안채, 사랑채 및 광채, 문간채 등 세 채다. 사랑채의 한쪽 끝부분에 서양식으로 지어진 2층 벽돌 건물이 있는데 사랑채와 2층 건물은 모두 남쪽의 계곡을 향하고 있다. 이 별장은 외국에서 도입한 근대 건축 양식을 주택에 적용한 흥미로운 사례인데, 안채는 근대 서울 한옥의 변화상을 보여주는 자료로 쓰이고 있다.

STEP 03
기차바위 { 서울의 풍경이 보이는 바위 }

기차를 연상시키는 바위의 모습이 멀리서 보면 재미있다. 산이 아름다운 이유는 나무와 바위가 있기 때문이 아닐까 싶다. 나무는 사람보다 더 오래 산다. 그리고 바위는 나무보다 더 오래 산다. 기차바위의 나이는 정확히 알 수 없지만 지구의 나이가 46억 년이라고 하니 그보다는 덜 먹었을 것이다. 그동안 수많은 사람들이 밟고 지나갔음에도 기차바위는 볼 때마다 새롭고 깨끗하다. 기차바위에서 보이는 서울의 풍경 또한 일품이다. 바위에 구멍을 내 안전 울타리를 쳐놓은 것이 아쉽다. 기차바위에서 내려오면 소나무 숲이 사람들을 반긴다. 기차바위에서 부암동으로 연결된 코스는 서울의 중심에 있는 산이라고는 믿기지 않는다. 크게 위험하지도 힘들지도 않지만 비가 오거나 눈이 오는 날에는 기차바위 위에 오르지 않는 게 좋다. 암벽이라 미끄러질 위험이 크다.

TIP
반계 윤웅렬 별장에서 인왕산 방향으로 조금만 걸어 올라가면 정면으로 담장과 집 사이에 작은 길이 보인다. 유심히 보면 길은 대나무로 이루어져 있는데 이 길로 걸어가면 기차바위를 만날 수 있다. 이때 잘못하여 왼편으로 들어서면 길을 헤맬 수 있으니 주의하자.
부암동사무소에서 편의점과 백영 세탁소 사이에 있는 길로 걸어가도 인왕산 등산로가 나온다.

추천 코스 02

치마바위 코스
외국인들이 사랑하는 서울 산

외국인들 사이에서 꽤 유명한 코스다. 성벽을 볼 수 있고 올라서면 서울을 한눈에 감상할 수 있어 외국인이 많이 찾는다. 만수천 약수는 쉬어가기에 좋다. 등산로가 깨끗하고 아름다워 여자가 걷기에 제격이다.

난이도	상 중 **하**
거리	약 4.4km
소요 시간	편도 1시간 20분 (왕복 2시간 40분)
탐방 코스	사직공원 → 황학정 → 만수천 약수 → 치마바위 → 윤동주 시인의 언덕

사직공원을 지나 5분 정도 걸으면 황학정이 보인다. 지금도 활을 쏘는 사람들을 심심찮게 볼 수 있다. 황학정 정자 뒤편으로 난 좁은 계단을 따라 도로 쪽으로 올라선 후 오른편으로 걸으면 청와대와 경복궁을 지키는 호랑이 상이 나온다. 오른편으로 걸으면 만수천 약수터로 들어가는 길과 만난다. 만수천 약수터에서 치마바위까지는 오르막길이다. 이 길로 가면 서울 성벽과도 만나게 된다. 조금은 가파른 오르막길도 있어 땀이 난다. 치마바위에서 윤동주 시인의 언덕까지는 내리막길이라 걸을 만하다.

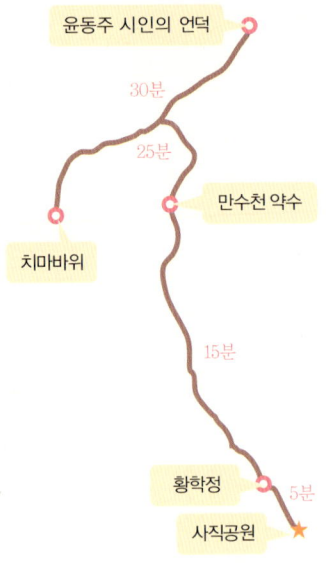

🚗 찾아가는 길
지하철 3호선 경복궁역 1번 출구로 나와 3~5분 정도 걷다 보면 길 건너 왼편에 사직공원이 보인다.

🚻 화장실
사직공원에 크고 깨끗한 화장실이 있다. 이후에는 화장실을 찾기 어려우니 꼭 이곳에서 볼일을 보고 출발하자.
윤동주 시인의 언덕 길 건너 북악산 탐방로 입구에 공동 화장실이 있다.

🍽 음식점 또는 부대시설
지하철 3호선 경복궁역 2번 출구로 나와 쭉 걷다가 왼편으로 나 있는 길로 고개를 돌리면 '토속촌 삼계탕(서울 종로구 체부동 85-1 1층)'이 보인다. 경복궁역 1번, 2번 출구 주변에는 국숫집과 커피숍도 있다.

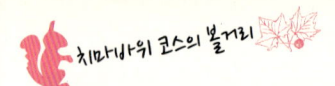

> 황학정의 활쏘기는 현재진행형이다.

STEP 01
황학정 { 현재도 활쏘기가 계속되는 곳 }

조선 제26대 왕 고종은 경희궁 내의 황학정을 방문하여 직접 활쏘기를 즐겼다고 한다. 1894년 갑오경장 이후 군대의 무기에서 활이 제외되면서 전국의 사정(射亭, 활터에 세운 정자)도 사라졌다. 이 점을 안타깝게 여긴 고종은 백성들의 심신 단련을 위해 궁술을 장려하라는 어명을 내렸다. 또 궁궐 안에 황학정을 지은 후 백성들에게 개방했다. 지금의 이 정자는 1898년 경희궁 회상전 북쪽 담장 가까이에 세웠던 궁술 연습을 위한 사정이다. 1922년 일제가 경성중학교를 짓기 위해 경희궁을 헐고 궁내의 전각들을 일반에게 불하하면서 황학정은 사직단 북쪽, 옛 등과정이 있던 현 위치로 이건하게 되었다. 활쏘기를 금지한 일제 강점기에도 황학정은 그 맥을 이어왔으며 현재도 활쏘기는 계속되고 있다. 고종이 사용했던 활 호미(虎尾)와 화살을 보관하는 전통(箭筒)은 황학정에 보관되어 오다가 1993년 육군사관학교 육군박물관으로 옮겨졌다.

> **TIP**
>
> 1 사직공원 입구에서 정면으로 보이는 돌계단을 따라 올라간 후 길이 나오면 왼편으로 걷는다. 길을 따라 조금 걷다 보면 황학정이 보인다.
> 2 황학정 정자 뒤편에 난 작은 돌계단을 따라 올라가면 도로가 나온다. 이때 오른편으로 걸으면 된다. 걷다 보면 왼편에 인왕산 호랑이 동상이 나오고, 호랑이 동상을 마주 본 상태에서 오른편으로 계속 걸으면 된다. 처음 만나는 석굴암 등산로 입구를 지나쳐 계속 걸으면 만수천 등산로 입구가 나온다.
> 3 만수천에서 길을 따라 계속 올라가면 곤란하다. 만수천에서 조금만 올라가면 오른편에 철제 펜스가 쳐진 작은 길이 보이는데, 이 길을 따라 간다.

경치 감상에
제격인
치마바위

STEP 02
치마바위 { 애절한 전설의 현장 }

중종의 원비 단경왕후 신씨는 남편 중종과 사이가 좋았다. 하지만 정치가 문제였다. 중종을 왕위에 앉힌 자들은 자신들이 살해한 신수근의 딸 단경왕후의 보복이 두려워서 중종의 반대에도 불구하고 단경왕후를 폐위시켰다. 왕후는 인왕산 아래에 있는 옛 거처로 쫓겨났다. 단경왕후는 궁을 나오면서 자신이 살아 있는 동안에는 인왕산 바위에 붉은 치마를 걸어두겠다는 약속을 중종에게 남겼고, 이를 죽을 때까지 지켰다. 아침이면 인왕산 바위에 치마를 널어놓고 저녁이면 걷는 일을 51년 동안이나 계속하였다. 중종 또한 부인을 잊지 못해 경회루에 올라 부인이 있는 인왕산을 바라보았다고 한다.
인왕산 치마바위에 전해지는 슬프고도 애잔한 전설은 단순히 큰 바위로만 보일 수 있는 치마바위를 특별하게 만들어 준다. 멀리서 보면 모양이 치마처럼 보이는데, 바위에 올라서면 서울이 한눈에 보인다. 경치를 감상하기에는 그야말로 제격이다.

🍁 치마바위 코스의 볼거리

이 돌계단을 오르면 윤동주 시인의 언덕이 나타난다.

STEP 03

윤동주 시인의 언덕 { 등산 중에 만나는 아름다운 시 }

죽는 날까지 하늘을 우러러 한점 부끄럼이 없기를,
잎새에 이는 바람에도 나는 괴로워했다.
별을 노래하는 마음으로 모든 죽어가는 것을 사랑해야지.
그리고 나한테 주어진 길을 걸어가야겠다.
오늘 밤에도 별이 바람에 스치운다.

시인 윤동주가 1941년 11월 20일 쓴 '서시'가 적혀 있는 시비가 언덕에 그림처럼 자리하고 있다. 종로구는 2009년 7월 11일 윤동주 시인의 문학정신을 기리기 위하여 인왕산 자락에 '시인의 언덕'을 조성하였다. 윤동주 시인은 연희전문학교(지금의 연세대학교) 재학 시절 누상동에 있던 소설가 김송의 집에 하숙하면서 '서시', '별 헤는 밤' 등 대표작들을 쓴 것으로 알려져 있다. '시인의 언덕'에 올라서면 인왕산 자락 아래의 집들이 그림처럼 펼쳐져 보인다. 그리고 '길', '자화상' 등의 시도 엿볼 수 있다. '시인의 언덕'에서 길 건너편에 보이는 것은 창의문이다.

역대 대통령들의 발자취를 엿볼 수 있는 곳
청와대 사랑채

청와대 사랑채 안에는 대한민국의 수도 서울의 정보를 제공하는 하이서울관을 비롯하여 역대 대통령 소개와 대통령의 업무를 체험할 수 있는 대통령관, 국가 비전과 국정 철학을 소개한 국정홍보관 등이 있다. 또 전통 공예품은 물론 청와대 로고가 찍힌 머그잔 등을 구입할 수 있는 기념품 판매점과 한국 전통차를 마시며 여유 있게 쉬어갈 수 있는 찻집도 있어 찾아온 이들을 다양하게 만족시켜 준다.
건물은 대한민국 정부의 녹색성장정책에 발맞춰 화석연료 사용을 줄이고, 태양 에너지와 지열 사용량을 늘린 저탄소 녹색 건물로 설계되었다.
1층에서는 훈민정음을 창제하고 과학 발전에 앞장 선 세종대왕의 이야기와 초상화를 만날 수 있다. 또한 시문과 그림 솜씨가 뛰어난 조선 중기의 대표적 여성 화가 신사임당도 한자리에서 만나볼 수 있다. 2층에는 역대 대통령들의 국빈 선물과 대통령 취임 선서, 연표 등을 전시해 놓았다.

이용 요금	무료
이용 시간	오전 9시~오후 6시(매주 월요일 휴관)
찾아가는 길	지하철 3호선 경복궁역 4번 출구에서 도보 10분. 4번 출구로 나와 직진하지 말고 뒤로 돌아 길을 따라 쭉 걸으면 된다.
홈페이지	www.cwdsarangchae.kr

06

서울특별시 종로구

북악산

북악산은 1968년 발생한 1·21 사태(북한 무장공비 침투 사건)로 인해 41년간 군사통제구역으로 묶여 있었다. 이후 시민에게 개방된 북악산 안에는 감춰져 있던 '김신조 루트'와 긴 세월 사람들의 발길이 닿지 않은 다양한 생태계가 모습을 드러냈다. 북악산은 돌산으로 화강암이 주를 이루고 있으며 서울 성곽을 따라 걷게끔 되어 있다. 매주 월요일(공휴일인 경우 다음날)에 진입이 통제된다.

북악산은 항상 오전 10시 같다.
오후 1시에 찾아도 같은 기분이 든다.

　북악산에 오르면 언제나 '시작'이라는 단어가 떠오른다. 이런 기분이 드는 것은 숲이 깨끗하기 때문이다. 늘 느끼는 거지만 이곳 숲은, 방금 일어나 세수를 하고 단장을 마친 것처럼 항상 깨끗하고 아름답다. 북악산은 옛날부터 소음이 없고 걱정이 없는 산으로 불렸다고 하는데, 지금도 그렇다. 서울 한복판에 있으면서 아직까지도 이런 모습을 간직하고 있다는 사실이 놀라울 따름인데, 그 이유를 알고 나면 더 놀랍다. 1968년에 있었던 북한 무장공비 침투 사건으로 인해 40여 년 동안 일반인의 출입이 금지되었기 때문이다.
　늦은 점심을 먹고 도착한 북악산에는 여느 때와 다름없이 맑고 깨끗한 기운이 흐르고 있었다. 나는 40여 년 전 모습 그대로 멈추어 있는 북악산을 천천히 걸었다. 산이 다 거기서 거기라고 생각한다면 큰 오산이다. 북악산을 처음 찾는 사람은 조금 당황스러울지도 모른다. 북악산은 우리가 생각하는 그런 산과는 조금 다르다. 길 자체가 등산보다는 산책을 즐기는 느낌이다. 그래서인지, 일명 김신조 루트라고 불리는 곳에는 관광객이나 등산객보다는 근처 주민들로 보이는 사람들이 많이 눈에 띈다. 친구 또는 연인과 이야기를 나누며 천천히 걷기에 더할 나위 없는 곳이다. 삼청공원 코스도 마찬가지다. 굳이 등산화를 신지 않아도 된다.

계단이 많아 가벼운 운동화도 잘 어울린다.

　나는 북악산을 자주 찾는 편이다. 집에서 가까운 산이 아님에도 자꾸 발길이 향한다. 북악산에서 마시는 공기와 분위기는 지치고 힘든 일상을 버텨내게 해주는 비타민 같다. 산 위에 서서 발아래를 바라보면 사람들이 사는 집이 개미처럼 작아 보인다. 그런 풍경을 바라보고 있노라면 영화 '반지의 제왕'에 나오는 대사가 자연스레 떠오른다.

　'이런 작은 것 때문에 우리가 그렇게 고통받고 두려워하고 의심했어야 했다니, 이상한 운명이야. 이 작은 것 때문에.'

　북악산은 이유 없이 우울한 날이나 어떤 말로도 위로가 되지 않는 날 찾으면 더 좋다. 숲은 내가 어떤 모습이든 언제나 두 팔 벌려 품안에 쏙 안아준다. 가족이나 친구에게 말하지 못하는 고민을 북악산 언저리에 살짝 얹어놓고 오면 된다. 한 달 후, 몇 달 후 내가 놓고 온 고민이 잘 있나 싶어 찾아가보면 바람에 실려 벌써 날아가고 없다.

　예쁘고 조용한 북악산 길을 걸으면 늘 같은 생각이 든다. 도대체 서울 사람들은 이 좋은 곳을 놔두고, 어디에 가서 위로를 받고 힘을 얻는 걸까?

산은 현명하다.
사람들이 스스로를 위해 오른 만큼 보여준다.

 **추천코스 01**

김신조 루트 코스
북한 무장공비의 흔적을 따라서

난이도	상 중 **하**
거리	약 6.2km
소요 시간	편도 2시간 03분
탐방 코스	북악공원 지킴터 → 여래사 → 하늘전망대 → 호경암 → 성북천 발원지 → 하늘전망대 → 하늘한마당

감동과 재미가 있는 코스다. 거리에 비해 볼거리가 많은 것이 특징이다. 아직도 총탄의 흔적이 남아 있는 호경암과 무장공비가 잠시 서서 서울을 바라봤을 동마루는 등산객들의 발길을 오랫동안 붙잡는다. 동마루에 놓인 의자에 앉아 경치를 감상하는 것도 좋다.

국민대학교 정문을 마주 본 상태에서 왼편으로 걸으면 북악공원 지킴터가 나온다. 북악산 둘레길 이정표를 따라 가면 된다. 북악공원 지킴터부터 시작해 호경암까지는 오르막길이라 보면 된다. 오르막이라 해도 그리 가파르지는 않다. 호경암에서 성북천 발원지까지는 계단으로 되어 있는데 나름 가파른 곳도 있으니 천천히 걷도록 하자. 하늘전망대 밑에서 하늘한마당까지는 평지나 다름없다.

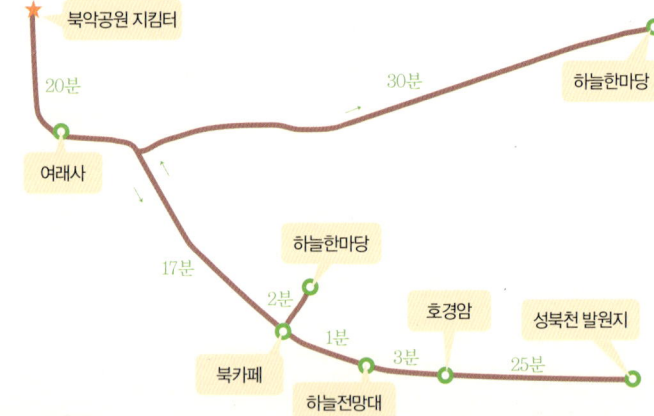

🚗 찾아가는 길
지하철 4호선 길음역 2번, 3번 출구로 나와 우측으로 가면 버스 정류장이 있다. 7211번을 탄 후 국민대학교 앞에서 하차한다. 하늘한마당 맞은편 버스 정류장에서 1162번을 타면 지하철 4호선 성신여대입구역에 갈 수 있다.

🚻 화장실
국민대학교 정문 맞은편과 국민대학교 안에 화장실이 있다. 하늘한마당에도 크고 깨끗한 화장실이 있지만 등산로 중간에는 화장실을 찾기 어렵다.

🍽 음식점 또는 부대시설
국민대학교 정문에서 우측을 보면 종합복지관이 보인다. 이곳의 학생 식당은 가격도 싸고 꽤 먹을 만하다.

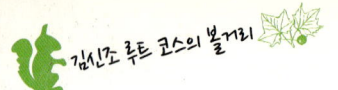
김신조 루트 코스의 볼거리

북악산에서 내려다보는 서울은 언제나 아름답다.

STEP 01
호경암 {치열한 교전이 벌어진 곳}

"박정희 목 따러 왔수다."
1968년, 대한민국을 발칵 뒤집었던 간첩 김신조의 입에서 나온 말이다. 호경암은 1968년 벌어진 1·21 사태 격전지다. 청와대를 습격할 목적으로 침투한 김신조 외 30명이 자하문 일대에서 경찰과 접전을 벌이다가 습격에 실패, 구진봉과 성북동 뒷산 방향으로 분산해 도주하였다. 경찰 33대대 2중대는 호경암 일대를 수색하던 중 적을 발견하였고 치열한 교전이 벌어졌다. 교전 중 무장공비 3명이 사살되었고 김신조는 당시 유일하게 생포되었다. 당시 무장공비들은 청와대 앞 교전에서 패한 뒤 삼삼오오 모여 퇴각했는데 김신조는 인왕산을 넘어 도망치다 홍제동에서 붙잡혔다. 그때의 총탄이 아직까지도 그대로 남아 있는 호경암은 당시 상황이 얼마나 급박하게 돌아갔는지를 짐작케 한다. 수십 발의 탄흔에서는 잔악성마저 느껴진다. 이 사건이 있은 후 이곳은 '서울 속 DMZ'로 불리게 되었고 일반인에게 그 모습을 오랫동안 숨겨왔다.

STEP 03
여래사 { 순국선열들의 넋을 기리는 곳 }

국민대학교에서 북악산 방향으로 걸어 올라오다 보면 만날 수 있는 사찰이다. 여래사 안에는 순국선열 봉안소가 있다. 여래사는 조국의 독립을 위해 항일 투쟁하다 순국한 순국선열들의 위패가 모셔진 호국사찰이며 현충사찰이다. 대다수가 자손이 없고 유해를 찾지 못한 무후선열이며, 대한민국장 이준 열사 외 21명을 포함하여 총 373명의 위패가 모셔져 있다. 불기 2502년(1958) 창건된 이래 나라의 안녕을 위해 호국기원 법회를 열었고, 1963년부터 해마다 불교 의식에 따라 정초, 백중, 현충일, 추석에 신도들과 후손들이 정성을 모아 순국선열 추모제를 열고 있다.

STEP 02
동마루 { 서울이 그림처럼 펼쳐지는 곳 }

북악산 내에서 가장 아름다운 경치를 감상할 수 있는 곳이 아닐까 싶다. 동마루에 서면 저 멀리 북한산과 정릉 일대가 한눈에 들어온다. 북악산은 조선 태조 이성계가 한양을 도읍으로 정할 때 정도전의 말을 들어 주산으로 삼았던 산이다. 소음이 없고 걱정이 없는 산으로도 손꼽힌다. 동마루는 이런 북악산의 매력과 성격을 잘 보여주는 장소다. 동마루에서 쭉 밑으로 내려가면, 반딧불이 1,000마리와 반딧불이 유충의 먹이인 다슬기 30kg을 방사하여 반딧불이 서식지로 만든 작은 연못인 성북천 발원지가 나온다. 김신조 루트에는 동마루 외에도 남마루와 서마루도 있다. 이곳 역시 북악산에서 손꼽히는 조망 명소답게 아래로 낙산, 아차산, 청계산, 경복궁, 관악산, 서울 성곽, 동대문 등이 그림처럼 펼쳐져 있다.

TIP
하늘교를 지나면 북카페에서 이정표가 보인다. 여기서 3산책로, 숲속 다리 방향을 선택해야 동마루로 갈 수 있다. 동마루를 본 후 다시 북카페로 돌아와 2산책로인 '김신조 루트'를 걷도록 하자.

추천 코스 02

삼청공원 코스
혼자 걷기에 좋은 분위기

난이도	상 중 ⓗ
거리	약 3.2km
소요 시간	1시간 25분
탐방 코스	삼청공원 입구 → 말바위 등산로 입구 → 말바위 쉼터 → 숙정문 → 창의문 쉼터

30m 간격으로 군인이 서 있어 여자 혼자 걸어도 무섭지 않다. 등산의 시작점인 삼청공원도 시간을 내 둘러볼 만하다. 서울 도심에 있는 공원치고는 꽤 아름답고 공기도 좋다. 말바위 쉼터에 마련된 전망대에서 바라보는 경치 또한 아름답다.

삼청공원 입구에서 말바위 쉼터까지는 오르막으로 되어 있는 계단길이다. 이후에는 서울 성벽을 따라 잘 다듬어진 길을 걷는다고 보면 된다. 이 길 또한 주로 계단으로 조성되어 등산화를 신지 않아도 무방하다. 청와대와 가까워 사진 촬영 금지 구역이 있으니 사진을 찍으려면 유의하도록 하자.

찾아가는 길
지하철 3호선 안국역 1번 출구로 나와 동십자각이 보일 때까지 5분 정도 걷는다. 사거리에서 동십자각이 보이면 오른편으로 방향을 바꾸어 한참을 걷다가 갈림길이 나오면 우측 길로 접어든다. 우측 길을 따라 걷다 보면 좌측으로 삼청공원이 보인다. 안국역 1번 출구에서 삼청공원 입구까지는 도보로 15분 소요된다.

화장실
동십자각에서 삼청공원으로 가는 길과 삼청공원 안에 화장실이 있고 이후에는 없다. 창의문 쉼터에는 화장실이 있다.

음식점 또는 부대시설
지하철역에서 삼청공원에 이르는 길에는 맛집이 많다. 밥집은 물론 커피숍과 매점도 있다. 말바위 쉼터부터 창의문 쉼터까지는 매점은 물론 음료수 자판기도 없다.

삼청공원 코스의 볼거리

STEP 01

삼청공원 { 조용하고 예쁜 공원 }

'삼청(三靑)'이란 산이 푸르고 하늘이 푸르고 마음이 푸름을 뜻한다. 그 이름처럼 삼청공원은 아름다운 자연을 느낄 수 있는 곳이다. 옛 서울의 정취와 문화를 느낄 수 있는 곳이기도 하다. 머리와 목에 푸른빛이 도는 박새, 몸 전체가 잿빛을 띤 어두운 갈색 직박구리, 광택이 나는 오색딱다구리 등 다양한 새들도 삼청공원에 살고 있다. 오래되고, 소박한 자연으로 둘러싸인 삼청공원에는 1897년 종로에서 출생한 소설가 염상섭의 동상이 있다. 염상섭은 1920년 〈폐허〉 창간 동인으로 신문학운동을 시작한 이래 〈표본실의 청개구리〉, 〈삼대〉 등 많은 작품을 발표하였다. 봄이면 다양한 꽃들이, 가을이면 아름다운 나무가 그 빛을 발하는 삼청공원은 찾은 이들의 마음을 풍요롭고 기쁘게 만든다. 등산을 하기 전이나 하고 나서 휴식 겸 찾으면 좋다.

염상섭 동상 옆에 앉아 사진을 찍어보자.

희미한 글씨가
여전히 남아 있는
말바위의 모습

STEP 02
말바위 {잠시 쉬어가기 좋은 곳}

조선시대 말을 타고 온 문무백관이 녹음을 만끽하며 시를 읊고 쉬던 자리였다고 전해진다. 또 백악(북악)의 산줄기에서 동쪽으로 좌청룡을 이루며 내려오다가 끝에 있는 바위라 하여 말바위가 되었다는 설도 있다. 말바위 바로 밑에는 전망대가 설치되어 있다. 이 전망대는 서울시에서 선정한 우수 조망 명소다. 전망대 위에 서면 종묘, 청계산, 창덕궁, 남산, 관악산, 광화문, 63빌딩, 경희궁공원, 사직공원이 한눈에 보인다. 말바위자체는 큰 볼거리는 아니지만 말바위 주변 풍경은 탄성이 절로 날 정도로 아름답다. 전망대 말고도 앉아서 풍경을 감상할 수 있는 곳이 많은데, 그래서 이곳을 말바위 쉼터라 부른다. 말바위에서 조금만 더 올라가면 신분증을 제시해야 들어갈 수 있는 곳이 나온다. 삼청공원에서 말바위까지는 신분증이 따로 필요 없다.

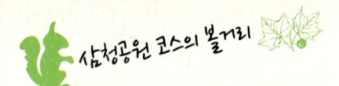

STEP 03

숙정문 { 비상시 목적으로 지은 곳 }

고개를 들면 보이는 숙정문의 속살

'엄숙하게 다스린다'는 뜻을 지닌 숙정문은 서울 성곽의 북대문(北大門)이다. 원래 숙정문은 사람들의 출입을 위해서가 아니라 서울 성곽 동서남북에 4대문의 격식을 갖추고, 비상시 사용할 목적으로 지은 문이었다. 평소에는 굳게 닫혀 있었기에 숙정문을 통과하는 큰길이 형성되지 못했다. 조선 후기 학자 홍석모는 〈동국세시기〉에서 정월대보름 전에 민가의 부녀자들이 세 번 숙정문에 가서 놀면 그 해의 재액을 면할 수 있다고 전했다. 그리고 이규경은 〈오주연문장전산고〉라는 저서에서 숙정문을 열어 놓으면 장안 여자들이 음란해지므로 항시 문을 닫아두게 했다는 속설을 기록하였다. 그만큼 숙정문 지역은 풍수적으로 음기가 강한 곳이었다. 태조 5년(1396) 처음 서울 성곽을 쌓을 때는 지금 위치보다 약간 서쪽에 있었으나 연산군 10년(1504)에 성곽을 보수하면서 지금의 자리로 옮겨졌다.

총탄을 맞고도 살아남은 나무

STEP 04
1·21 사태 소나무 {총탄 흔적이 있는 나무}

1968년, 청와대를 습격할 목적으로 침투한 무장공비 일당은 청와대 및 주변시설을 완벽하게 파악하고 있었다. 김신조 등 북한군 31명은 1968년 1월 21일 청운동 앞에서 경찰과 교전을 벌인 후 북악산 및 인왕산 지역으로 도주하였다. 당시 우리 군경과 치열한 교전을 벌이던 과정에서 이 소나무에 15발의 총탄 흔적이 남게 되었다. 이후 이 소나무의 이름은 '1·21 사태 소나무'로 불리게 되었다. 15발의 총탄을 맞았는데도 소나무는 아직도 건재하다. 북한에서 침투한 31명 중 29명은 사살되었고, 1명은 도주, 1명은 생포되었다. 생포된 1명이 바로 김신조다. 김신조는 이후 우리나라로 귀순하여 신학을 전공한 뒤 목사가 되었다.

STEP 05
고 최규식 경무관 동상 {무장공비와 교전 중 순직하신 분}

창의문 바로 아래 청와대로 가는 길이 바라보이는 곳에 고 최규식 경무관 동상과 정종수 경사 순직비가 있다. 최규식 경무관은 종로 경찰서장으로 재직 중이던 1968년 1월 21일, 북한 무장공비들이 청와대를 기습 공격하기 위해 파주 지역에서 남하하고 있다는 첩보를 입수하고 경찰관들을 현장에 배치, 지휘하였다. 무장공비 일행이 청와대 바로 옆에 이르렀을 때 최규식 경무관이 그들을 막아섰고, 검문을 통과할 수 없었던 공비들이 외투 속에 감추고 있던 기관총을 난사하고 수류탄을 투척하면서 격렬한 총격전이 벌어졌다. 당시 최규식 서장은 가슴과 복부에 관통상을 입은 와중에도 청와대를 사수하라는 마지막 명령을 내리고 현장에서 순직하였다. 정종수 경사 역시 최규식 경무관과 함께 무장공비와 교전하던 중 순직한 분이다.

주변의 둘러볼 곳

지난한 축조 과정을 잊게 만드는 아름다움

서울 성곽길 따라 걷기

조선 왕조를 개국한 태조 이성계는 즉위 후 한양 천도를 명한다. 경복궁, 종묘, 사직단 건립이 완성되자 곧바로 정도전이 수립한 도성 축조 계획에 따라 서울 성곽을 수축하기 시작한다. 정도전은 전국에서 19만 7,400여 명을 동원, 도성을 세우기 시작해 약 3개월 만에 북악산~낙산~남산~인왕산에 도성을 완성하였다. 그후 27이 지나 서울 성곽은 대대적인 보수 확장 사업에 들어갔다. 세종 때인 1422년에 벌인 대대적인 대공사에는 엄청난 희생이 따랐다. 이 보수 확장 공사로 인해 발생한 사망자 수만 872명에 달했다.

이렇게 세워진 서울 성곽은 260년간 크게 훼손되는 일 없이 잘 버텼다. 하지만 임진왜란과 병자호란, 일제강점기 등을 거치면서 일부가 헐려 나갔다. 특히 일제강점기에는 서울의 평지 성곽이 모두 철거되었다.

성곽의 관문인 숙정문(북대문), 흥인문(동대문), 돈의문(서대문), 숭례문(남대문)을 걷는 일은 단순한 걷기를 넘어선 그 무엇이 있다. 다름 아닌 우리나라의 과거, 현재, 미래의 모습을 엿볼 수 있다는 점이다. 헐린 부분이 있어 길이 혼동되기도 하지만 서울 성곽의 아름다움은 그 모든 수고로움을 잊게 만든다. 낙산을 끼고 도는 동대문 구간과 북악산을 끼고 도는 북대문 구간은 경치가 특히 아름답다. 그리고 서대문 구간은 성곽이 헐린 곳이 많아 길을 찾는 데 헛갈리지만 김구 선생이 암살당한 경교장과 1923년 조지 알렉산더 테일러가 지은 집 딜쿠샤가 있어 역사 공부에도 도움이 된다.

특별히 추천하는 서울 성곽길

아름답고 또 걷고 싶은 성곽길 네 곳을 소개한다. 이곳을 거닐면서 우리의 과거와 마주해보자.

북대문 구간 | 혜화문 → 숙정문 → 창의문 |

지하철 4호선 한성대입구역 5번 출구로 나와 직진하지 말고 뒤로 돈 후 도로를 따라 걸으면 혜화문과 만날 수 있다. 이 구간은 시작부터 성벽이 헐린 곳을 걷게끔 되어 있어 길 찾기에 어려움을 느낄 수 있다. 하지만 와룡공원부터는 수월하다. 창의문까지는 줄곧 성벽을 따라 걸어야 한다. 태종 13년(1413), 풍수학자 최양선의 '창의문과 숙정문은 경복궁의 양팔과 같으므로 길을 내어 지맥을 상하게 해서는 안 된다'는 건의를 받아들여 두 문을 닫고 소나무를 심어 통행을 금하였다고 한다. 하지만 가뭄이 심할 때는 숙정문을 열고 대신 숭례문을 닫아두었다고 한다. 이 구간은 신분증을 지참해야 하는 구간이니 꼭 챙기도록 하자. 말바위 안내소에서 신분증을 제시한 후 출입 신청서를 작성하여야 한다. 이 출입증은 창의문 안내소에서 반납한다.

소요 시간 약 2시간 25분
개방 시간 오전 9시~오후 3시(하절기 4월~10월)
오전 10시~오후 3시(동절기 11월~이듬해 3월), 매주 월요일은 휴관
퇴장 시간 오후 5시

동대문 구간 | 혜화문 → 흥인지문 → 장충체육관 |

이 구간은 한 마디로 말해 무조건 아름다운 코스다. 낮 풍경은
물론 아름다운 낙산을 끼고 돌게 되어 있어 야경 또한 훌륭하다.
낙산공원에 서면 한국의 정을 느낄 수 있는 동네가 한눈에 들어온다.
낙산은 풍수지리상 서울의 형국을 구성하던 내사산의 하나로,
주산인 북악산의 좌청룡에 해당한다. 길이 깨끗하고 난코스가
없어 누구나 걷기에 좋다. 지하철 동대문역 쪽은 1899년부터
1968년까지 차고가 있었던 전차 종점으로, 종로행이나 청량리행
손님이 전차를 갈아타기도 하였다.
동대문 구간에서는 이간수문(二間水門)도 눈에 띤다. 이것은
남산에서 흘러내리는 물을 도성 바깥쪽으로 보내기 위해 조성한 두
칸 구조의 수문으로 현재 동대문 디자인플라자&파크 안에 있다.
흥인지문부터 장충체육관까지는 성벽이 헐려 있는 구간이라 길
찾기에 어려움이 있다.

소요 시간 약 2시간

남대문 구간 | 장충체육관 → 숭례문 |

장충체육관 뒷길부터 남산까지 이어지는 길은 계속해서 아름다운 풍경이 펼쳐진다. 길도 아름답고 길 주변도 아름답다. 가을이면 단풍으로 물들어 장관을 이룬다. 이 구간의 포인트는 성벽이다. 글씨가 쓰인 돌은 신비로움으로 다가온다. 서울 성곽의 성벽 돌 중에는 글자가 새겨져 있는 돌들이 있다. 이것은 대개 성벽 축조 당시 천자문 글자에서 따온 공사 구역 표시, 공사 담당 군현, 그리고 공사 일자와 공사 책임자의 직책과 이름 등이다.

서울 성곽은 태조 5년(1396) 처음 쌓을 때부터 전체 59,500자(약 18.2km)를 600자(약 180m) 단위로 나누어 총 97구간으로 구획하고 천자문 순으로 표시하였다. 조선 팔도 각 지역에서 인원을 동원하였기 때문에 도 또는 현의 담당 지역도 표시하였다. 이러한 공사 실명제는 이후에도 계속되어 후대에는 아예 감독관의 직책과 이름 및 날짜가 기록된 것도 있다.

소요 시간 약 3시간

서대문 구간 | 숭례문 → 창의문 |

성벽이 헐려 길 찾기에 어려움이 있는 구간이지만 놓치면 후회하는 구간이기도 하다. 금광 재벌 최창학이 지은 별장인 경교장과 '고향의 봄'을 작곡한 홍난파의 가옥은 길을 걷는 이들에게 남다른 느낌을 준다. 그림처럼 예쁜 홍난파 가옥은 지하 1층, 지상 1층의 붉은 벽돌조 건물로 독일계 선교사의 주택으로 지어졌다고 한다. 그런 연유로 1930년대 서양인 주택의 특징이 잘 드러나 있다. 홍난파는 이 집에서 6년간 지내면서 말년을 보냈다. 서대문으로도 불리는 돈의문은 새로 세운 문이라 하여 '새문' 또는 '신문'이라고도 하였다. 1422년 세워진 서대문은 1915년 3월 도로 확장 공사를 하면서 철거되었고 현재는 강북삼성병원 앞에 그 터만 남아 있다. 이 구간도 북대문 구간과 마찬가지로 개방 시간과 휴관일이 정해져 있다.

소요 시간 약 3시간 15분

07

서울특별시 광진구

아차산

아차산 일대는 삼국시대 때 고구려·백제·신라가 국운을 걸고 싸움을 벌였던 최대의 격전지로, 지금도 그 흔적이 남아 있다. 한성을 방위하던 제1의 요새인 아차산성과 적의 움직임을 살피기 위해 산꼭대기에 만든 군사시설 보루군은 아차산의 아픈 과거를 보여준다. 또한 아차산은 온달장군과 평강공주의 전설이 전해지는 산으로도 유명하다. 고구려의 장수인 온달장군이 신라군과 싸우다가 화살을 맞아 전사한 곳이 바로 아차산성이다.

> 산에 오르면서,
> 그것도 쉬운 코스만 골라 올라가면서
> 알게 된 사실이 하나 있다.

제 아무리 쉬운 코스라 해도 한 번쯤은 어려움을 만나게 된다는 것을 말이다. '이건 등산이 아니라 그냥 산책이네'라는 생각이 들 만큼 쉬운 등산로일지라도 복병 하나쯤은 있기 마련이다. 더욱이 그것은 반드시 정상을 코앞에 둔 시점에 나타난다. 처음이나 중간 지점에 나타난다면 애초에 오를 엄두조차 내지 않으련만, 고지를 바로 앞에 두고 포기하기란 쉽지 않다. 하다못해 깔딱고개라도 있다. 깔딱고개는 산에 올라본 사람이라면 흔히 만나는 이름으로, 정말이지 금방이라도 숨이 깔딱 넘어갈 만큼 힘들다. 깔딱고개조차도 꼭 정상을 코앞에 두고 등장한다. 그런데 아차산에는 이런 '깜짝 쇼'가 없다. 처음부터 끝까지 쉬운 데다 아름답기까지 하다. 힘들이지 않고도 거뜬히 완주할 수 있어 뿌듯하다. 인생에도 이런 길이 있다면 정말 좋으련만.

아차산에는 보면 기분 좋아지는 경치가 있고, 편하게 걸을 수 있는 길이 있다. 처음부터 끝까지 진지하고 예의 바르다. '뜨거운 맛을 한번 보여주겠어'라는 위협 따위는 그 어디에서도 찾아볼 수 없다. 때문에 아차산을 완주하고 나면 장난이라고는 모르는 모범생을 만나고 온 듯한 기분이 든다. 그 속에서 만난 사람들도 그러했다.

그녀는 탐이 나는 카메라를 손에 들고 있었다. 전부터 내가 갖고 싶어했던 카메라다. 모르는 사람에게는 말을 걸지 않는 것으로 유명한 내가 처음 본 여자에게 말을 건네고 있었다.

"그 카메라 괜찮나요?"

여자는 뜬금없는 나의 질문에 꽤 진지한 태도로 응했다. 카메라의 장단점을 설명하면서, 몇

년 전에 얼마를 주고 샀는데 지금은 얼마쯤 될 거라는 말도 해주었다. 묻고 싶어도 차마 그러질 못했는데, 고맙기도 하지.

대성암에서는 한 아주머니를 만났다. '등산복도 저렇게 예쁠 수가 있구나' 하는 생각이 들게 만드는 훌륭한 몸매의 소유자였다. 아주머니는 나와 가는 방향이 같은 모양이었다. 대성암 위쪽 마당바위 같은 곳에 올라가자 아주머니가 또 있었다. 이번에는 아주머니가 나에게 먼저 말을 걸어왔다.

"혼자 왔나 봐요?"

혼자 온 아주머니는 역시 혼자 온 내가 반갑게 느껴진 모양이다. 그렇게 함께 걸으면서 아주머니는 아차산에 관한 이런저런 이야기를 들려주었다. 그것은 글을 쓰는 나에게 꽤 도움이 되는 내용이었다. 아주머니는 아차산 근처에 살아 그동안 아차산이 어떤 변화를 겪었는지 자세히 알고 있었다.

"예전엔 이 길도 굉장히 무섭고 험했어요."

계단으로 단장되어 있어 지금은 편하게 오르내릴 수 있는 이곳이 과거에는 험했다니, 좀처럼 믿어지지가 않는다.

아차산이라서 가능한 인연이었다. 모르는 사람에게 말을 거는 여유도, 모르는 사람과 오랫동안 함께 걸을 수 있었던 것도. 산이 험했다면 이런 여유는 차마 부리지 못했을 거다.

그 여자는 오십에 산을 알았다.
그리고 그제서야 행복해졌다.

고구려정
고구려 건축 양식을 재현한 정자. 아차산에서 기가 가장 왕성한 곳.

고구려정의 내부

대성암

4보루(아차산 정상)

명품 소나무

보루

정상코스 p.166

긴 고랑길

긴 고랑길 마을

긴골 입구   마을버스 정

큰바위 얼굴 코스 p.160

아차산 전체 풍경 한눈에 보기

긴 고랑길
고랑처럼 생긴 길이 길게 이어진 곳. 가옥 벽과 대문에 그려진 그림이 인상적이다.

긴 고랑길 벽을 장식한 예쁜 그림

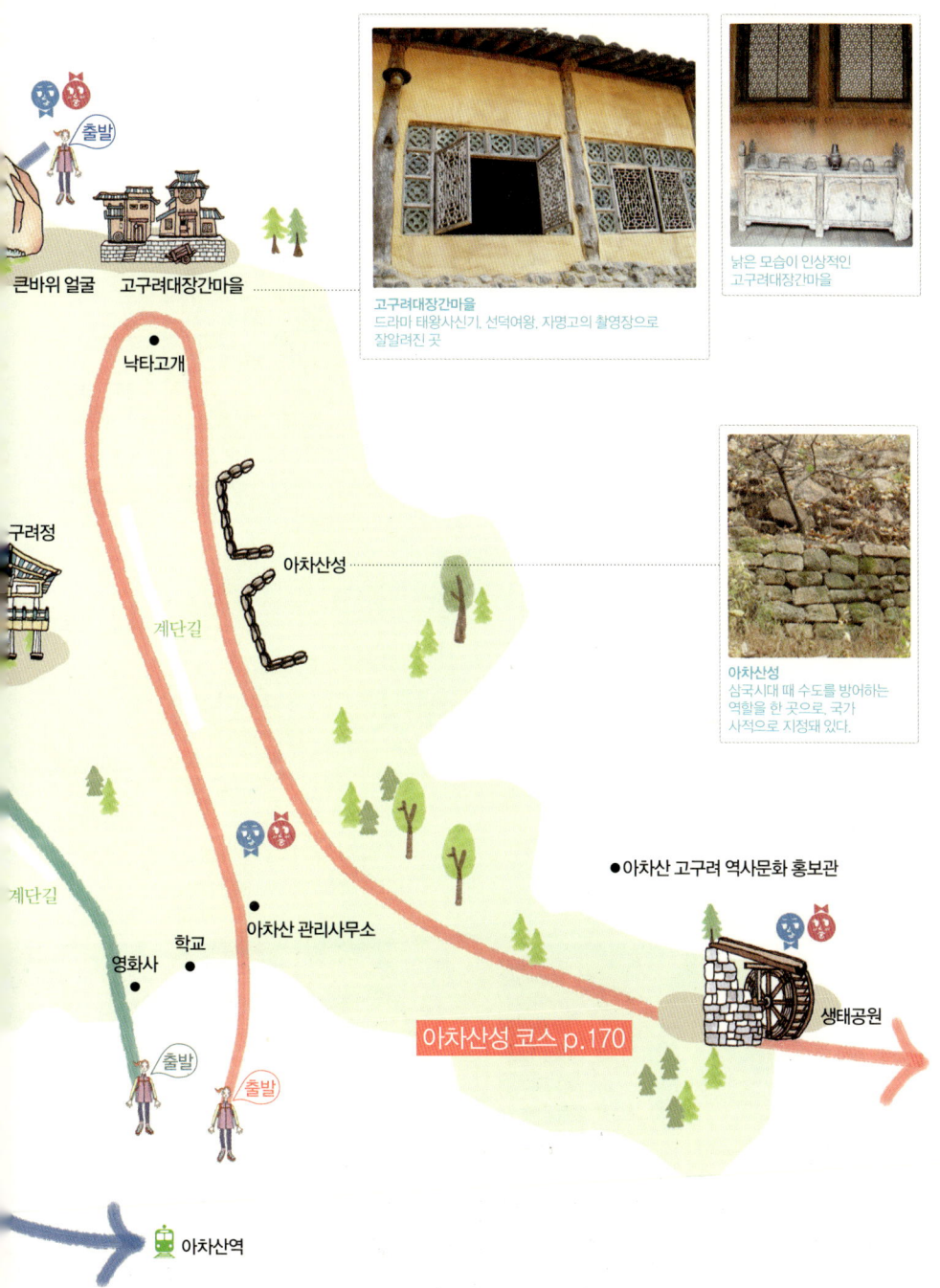

추천 코스 01

큰바위얼굴 코스
에너지가 흐르는 명당자리

난이도	상 중 ⓗ
거리	약 4.2km
소요 시간	2시간 5분
탐방 코스	고구려대장간마을 → 큰바위얼굴 → 대성암 → 4보루(정상) → 긴골 입구 → 아차산역

큰바위얼굴 코스에서는 왠지 모를 기가 느껴진다. 바로 거대한 바위들 때문이다. 큰바위얼굴 바위 주변은 거대한 바위로 가득 차 있다. 예부터 바위가 많은 산에는 좋은 기가 흐른다고 하지 않던가. 바위를 보고 밟으면 그 힘찬 기가 전해지는 느낌이 든다.

이 코스는 이정표가 별로 없어 다소 불편하다. 큰바위얼굴을 본 후 더 올라가 옆으로 보이는 마당바위 같은 큰 바위를 건넌 뒤 좌측으로 걷는다. 조금 걷다 보면 계곡 같은 작은 경계 지점이 보이는데, 여기서 오른편으로 올라가면 된다. 한참 올라가다가 녹색 펜스가 보이면 좌측으로 걷는다. 대성암 뒤쪽에는 체력 단련장이 있고 그 오른편에 한 사람이 겨우 오를 수 있는 철제 계단이 있다. 철제 계단을 따라 오르면 마당바위 같은 곳이 있다. 바위를 오른 후 오른편으로 걸어가면 4보루를 만날 수 있다.

🚗 찾아가는 길

지하철 2호선 강변역 4번 출구로 나오면 우측으로 버스 정류장이 보인다. 길을 건넌 후 우측으로 걷다가 다시 횡단보도를 건너면 버스 정류장이 나온다. 여기서 1-1번, 9번, 100번 등 고구려대장간마을로 가는 버스를 타면 된다. 버스에서 내려 좌측을 보면 고구려대장간마을 이정표가 보인다.

🚻 화장실

고구려대장간마을에 화장실이 있다. 고구려대장간마을 이용자가 아니더라도 사용이 가능하다. 고구려대장간마을에서 대성암까지 가는 길에는 화장실을 찾기 어렵다.

🍽 음식점 또는 부대시설

고구려대장간마을에 음료수 자동판매기가 있다. 이곳에서 식사를 하려면 긴 고랑길 마을을 지나야 한다. 아차산역까지 가는 길에는 시장도 있고 음식점도 많다. 긴 고랑길 마을과 아차산역 사이의 신성 골목 시장에는 튀김이나 분식을 먹을 수 있는 음식점도 있다.

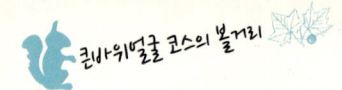
큰바위얼굴 코스의 볼거리

STEP 01
고구려대장간마을 { 드라마 촬영지로 잘 알려진 곳 }

고구려대장간마을은 아차산 4보루에서 발견된 간이 대장간을 보존하여 조성한 마을이다. 철기 문화를 바탕으로 한 시설과 소품들을 재현해 놓아 색다른 볼거리를 제공한다. 이 마을은 드라마 '태왕사신기'의 촬영장으로 더 유명하다. 태왕사신기는 한류 스타 배용준이 출연하여 화제를 모았던 드라마로, 고구려의 왕자 '담덕'이 광개토대왕으로 등극하기 전까지의 활약상을 그린 판타지 사극이다. 시대가 고구려이다 보니 가옥 등이 우리에게 익숙한 조선시대의 그것과는 사뭇 달라 낯설다. 칸막이가 아닌 장막으로 공간을 구분한 고구려 귀족들의 생활공간인 '연호개채'와 벽면에 고구려의 고분 벽화에 나타나 있는 북방의 현무를 사방에 그려 넣은 '거믈촌' 등은 이색적인 흥미로움을 느끼기에 충분하다. 고구려대장간마을은 '태왕사신기'뿐만 아니라 배우 고현정의 열연으로 인기를 모았던 드라마 '선덕여왕'을 비롯하여 드라마 '자명고'의 촬영지로도 알려져 우리에게 친숙하다.

STEP 02
큰바위얼굴 {소설 속에서 뛰쳐나온 것 같은 풍경}

소설 〈주홍글씨〉로 유명한 작가 너대니얼 호손이 쓴 단편소설 〈큰바위얼굴〉 속 마을 사람들은 마을에 있는 큰바위얼굴 덕분에 땅이 기름지고 농사가 풍작을 이루는 거라고 믿는다. 큰바위얼굴에 대한 마을 사람들의 믿음은 가히 절대적이었다. 오막살이집에 사는 어니스트 또한 마을 사람들과 같은 믿음을 가지고 있었다. 그는 큰바위얼굴을 바라보는 것만으로도 큰 가르침을 얻는다고 믿었다. 아차산에도 소설 속에서나 나올 법한 큰바위얼굴이 있다. 누가 일부러 조각한 것 마냥 그 모양이 사람의 형상을 하고 있다. 이 신기한 바위가 발견된 지는 그리 오래되지 않았다. 고구려대장간마을을 짓고 태왕사신기 촬영이 한창이던 무렵, 배우 배용준이 대장간마을에서 촬영을 할 때 발견되었다고 하는데 신기하게도 배용준이 서 있던 위치에서만 보인다고. 이런 뒷이야기 때문인지 바위가 배용준을 닮은 것도 같다.

가만히 살펴보면 잘생겨 보이는 얼굴

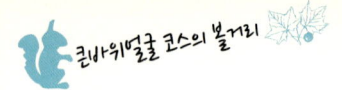

STEP 03
대성암 쌀바위 {인간의 욕심을 엿볼 수 있는 곳}

사람의 얼굴을 닮은 바위를 비롯하여 기이한 바위가 많은 아차산은 기가 충만하게 흐르는 명당으로 유명하다. 그래서인지 소원을 빌러 찾는 사람도 많다. 명당자리여서 그런지는 몰라도, 바위산임에도 불구하고 소나무가 잘 자라고 베어내도 움이 잘 튼다.

대성암에 있는 쌀바위에서도 이런 아차산의 넘쳐나는 기운이 여실히 느껴진다. 대성암 안에는 쌀이 나왔다는 바위 구멍이 있다. 쌀이 많이 나오게끔 더 크게 뚫었다는 구멍에서는 인간의 끝없는 욕심이 엿보여 기분이 다소 씁쓸하다. 지금의 대성암 자리는 신라의 유명한 승려인 의상 대사가 도를 닦던 곳이기도 하다. 의상 대사의 가르침을 받기 위해 많은 사람들이 찾아왔는데, 수도 자리 뒤의 바위 구멍에서 쌀이 나와 많은 사람에게 공양할 수가 있었다. 그런데 하늘이 내려준 쌀을 더 많이 얻고자 하는 욕심에 바위의 구멍을 더 크게 뚫자 이상한 일이 벌어졌다. 쌀뜨물과 타버린 쌀이 수삼일 동안 나오다가 멎더니만, 더 이상 쌀이 나오지 않았다고 한다.

쌀이 나왔다는 바위의 모습

STEP 04
긴 고랑길 { 가파르지 않아 걷기 편한 길 }

이곳은 물이 흐르지 않는 건천이다. 이름에서 알 수 있듯이 고랑처럼 생긴 길이 아주 길게 이어져 있다. 걷기 편한 길 주변은 산과 숲으로 둘러싸여 있다. 가파르지 않아 점심시간이면 구두를 신고 찾아오는 직장인들도 더러 있다. 30여 분 정도 숲길을 걷고 나면 긴 고랑길 마을이 반갑게 맞아준다. 이 마을길은 앞서 걸었던 긴 고랑길과는 주변이 숲이 아니라 마을이라는 점만 빼고는 흡사하다. 1970~1980년대 단독주택 중심으로 형성된 마을은 과거 종종 홍수가 나기도 했다고 한다. 현재의 마을은 마치 거대한 갤러리를 연상케 한다. 가옥 벽과 대문에 그려진 '아차산 가을 나들이', '우리나라 꽃 무궁화', '꽃 계단과 사계', '집에서 머리 깎던 추억', '도심 속의 산책로 이야기', '짐바리 아저씨 아이스케키' 등 서른 개가 넘는 그림에서는 과거의 향수가 느껴진다.

TIP

긴 고랑길이 끝나고 긴 고랑길 마을이 시작되는 지점에 마을버스 종점이 있다. 이곳에서 02번 버스를 타면 지하철 5호선 군자역으로 향한다. 하지만 이 지점에서 지하철 5호선 아차산역까지 걷는 것도 매력 있다. 벽화가 인상적인 긴 고랑길 마을을 구경하면서 내려오면 도로가 나온다. 이때 좌측으로 걸으면 신성 골목 시장과 지하철 5호선 아차산역이 나온다.

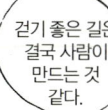
걷기 좋은 길은 결국 사람이 만드는 것 같다.

추천 코스 02

정상 코스
삼국시대의 치열한 각축장

소나무 숲, 흙길, 넓은 암반이 주를 이루는 코스. 삼국시대에 군사가 주둔하였던 것으로 보이는 보루도 눈에 띈다. 보루가 있었던 자리인 정상에 서면 한강이 한눈에 보인다. 한때는 삼국의 치열한 각축장이었던 곳이 오늘날에는 최고의 경관을 자랑하는 곳으로 사람들의 발길을 끌고 있다니, 격세지감이 느껴진다.

난이도	상 중 ⓗ
거리	약 4.0km
소요 시간	1시간 15분(왕복 2시간 30분)
탐방 코스	진입로 → 고구려정 → 아차산 정상

진입로에서 고구려정까지는 계단길로 되어 있어 걷기에 무리가 없다. 고구려정에서 아차산 정상까지는 높지 않은 오르막길과 평지가 적절히 어우러져 있으며, 중간 중간에 명품 소나무와 전망대가 있어 쉬어가기에 좋다. 하지만 암반 지역이 많아 비가 올 때는 미끄러우므로 조심해야 한다.

아차산 정상
60분
고구려정
15분
진입로

🚗 찾아가는 길

지하철 5호선 아차산역 2번 출구로 나와 쭉 걷다 보면 왼편에 영화사(사찰)로 갈 수 있는 길이 보인다. '자양로 270길'이라 표시되어 있는 이정표를 따라 가면 된다. 5분 넘게 걷다가 갈림길에서 오르막처럼 보이는 오른편 길로 가면 된다. 조금 걷다 보면 왼편에 고구려정으로 갈 수 있는 계단과 이정표가 보인다.

🚻 화장실

이 코스는 다른 코스와는 달리 입구는 물론 목적지인 아차산 정상까지 가는 길에도 화장실이 없다. 화장실을 이용하고 싶으면 아차산 관리사무소까지 가야 한다.

🍴 음식점 또는 부대시설

지하철 5호선 아차산역 2번 출구로 나와 왼편으로 보이는 골목길로 진입하면 '청진동 해장국'이 보인다. 24시간 운영하며 싸고 맛있다. 2번 출구 주변에는 음식점과 커피숍도 있다.

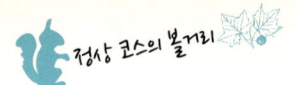 정상 코스의 볼거리

정자에 오르면 더 많은 것이 보인다.

STEP 01

고구려정 { 고구려의 건축 양식을 재현 }

아차산은 한강이 굽어보이는 야트막한 산이다. 경치를 감상할 수 있는 팔각정도 조금만 걸어 올라가면 만날 수 있다. 등산 진입로에서 15분 정도 올라가면 고대 그리스 도리아 건축 양식과 비슷한 기둥이 인상적인 고구려정이 보인다. 고구려정의 옛 이름은 팔각정. 우아한 분위기를 풍기는 고구려정의 자재로 사용된 금강송은 300년 이상 지난 지금까지도 뒤틀리거나 변하지 않았다고 하니, 대단하지 않은가. 기와는 고구려 궁궐인 평양 안학 궁터와 아차산 홍련봉 보루에서 출토된 기와의 붉은 색상과 문양을, 단청 문양은 쌍영총과 강서 종묘 등 고구려 고분 벽화에서 표현된 문양을 참고하여 만들었다.

남한에서는 최초로 고구려 당시의 건축 양식을 재현하여 가치 또한 높다. 기가 세다고 하는 아차산에서도 고구려정 터의 기가 가장 왕성하다고 하니, 기를 얻고 싶은 사람에게는 절호의 기회다. 역사적 명산의 기가 왕성한 장소에서 소원을 빌면 반드시 이루어진다는 이야기가 있어서인지 실제로 고구려정에는 사람들의 발길이 끊이지 않는다.

STEP 02
보루 { 산꼭대기에 만들어진 군사 시설 }

적을 막거나 적의 움직임을 살피기 위해 산꼭대기에 만들어진 군사시설인 '보루'에서는 고구려군이 사용했던 각종 유물이 출토되어 고구려 생활사 연구에 중요한 자료가 되고 있다. 아차산 일원에서 확인된 보루만 해도 약 20여 개소에 달한다. 특히 아차산 정상에서 발견된 4보루는 100여 명의 군사가 주둔했을 것으로 추정되는데, 500년 무렵에 축조되어 북상하는 백제군을 저지하기 위한 방어 기지 기능을 했던 것으로 보인다. 4보루 성벽 상부 전체에는 온돌과 배수로, 저수조 등이 배치된 건물지 7기가 남아 있다.

아차산 보루에서 출토된 철제 무기류와 농공구류는 오늘날의 강철과 그 강도가 유사한 것으로 확인되어 고구려의 제철 기술이 얼마나 뛰어난지를 입증해준다. 이런 훌륭한 제철 기술 덕분에 고구려의 대외 정복 활동이 가능하지 않았을까.

명품은 스스로 말하지 않는다. 다만 보여줄 뿐이다.

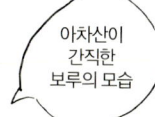

아차산이 간직한 보루의 모습

STEP 03
명품 소나무 { 우아하고 단아한 나무 }

언제나 본연의 푸른빛 그대로를 자랑하는 소나무는 아차산 곳곳에 뿌리내리고 있다. 아차산에는 유난히 소나무가 많은데 소나무가 뿜어내는 공기를 마시기 위해 아차산을 찾는 사람도 많다. 고구려정을 지나 제4보루 쪽으로 걸어가다 보면 '아차산 명품 소나무 제1호'와 '아차산 명품 소나무 제2호'로 명명된 나무가 있다. 이 명품 소나무는 아차산의 바위틈을 뚫고 자라 광진구와 한강을 바라보며 오랜 세월 광진구민과 함께했다.

소나무의 가지가 사방을 향해 뻗어 있는 모양새가 우아하면서도 단아하기까지 하다. 명품 소나무 옆에 자리한 전망대에서 바라보는 멋진 경치 또한 나무랄 데 없다. 용마산의 우아한 자태도 볼 수 있어 사진을 찍기에도 그만이다. 명품 소나무 제1호에서 조금만 더 걸어가면 명품 소나무 제2호가 있다.

추천 코스 03

아차산성 코스
온달장군의 숨결이 느껴지는 곳

고소공포증이 있거나 힘들게 걷는 것을 싫어하는 사람에게 어울리는 코스다. 등산로라기보다는 산책로에 가깝다. 우리에게 바보온달로 잘 알려져 있는 온달장군이 싸우다가 전사한 아차산성도 만날 수 있다.

난이도	상 중 **하**
거리	약 1.5 km
소요 시간	45분
탐방 코스	아차산 관리사무소 → 낙타고개 → 아차산성 → 생태공원

아차산 관리사무소에서 낙타고개에 이르는 길이 유일한 오르막길이다. 길은 계단으로 되어 있어 위험하지 않다. 등산화를 신지 않아도 될 만큼 길이 잘 정비되어 있어 반갑다. 낙타고개에서 생태공원까지 이어지는 내리막길은 가파르지 않아 걷기에 좋다.

TIP 지하철 5호선 아차산역에서 내려 아차산 방향으로 걸어오면 고구려정으로 가는 등산로가 제일 먼저 보인다. 이 등산로를 무시하고 관리사무소 방향으로 계속 걸어야 아차산성 코스 등산길을 만날 수 있다.

🚗 찾아가는 길

지하철 5호선 아차산역 2번 출구로 나와 직진해 쭉 걷다 보면 왼편에 영화사로 갈 수 있는 길이 보인다. 자양로 270길이라 표시되어 있는 이정표를 따라 가면 된다. 5분 넘게 쭉 걷다가 갈림길이 나오면 오르막처럼 보이는 오른편 길로 가면 된다. 조금 걸으면 왼편에 고구려정으로 갈 수 있는 계단과 이정표가 보이는데 이곳으로 올라가면 안 된다. 여기를 지나쳐 계속 길을 따라 걸어야 한다.

🚻 화장실

아차산 관리사무소 주변과 생태공원 주변에 화장실이 있다.

🍽 음식점 또는 부대시설

지하철 5호선 아차산역 2번 출구로 나오면 왼편으로 칼국수, 육개장, 비빔밥 등을 파는 '삼대불고기냉면(서울특별시 광진구 구의동 54-3 1층)'이 보인다. 맛도 맛이지만 양이 많은 것으로 유명하다. 출구 왼편에는 '롯데리아'도 있다. 자양로 270길에는 슈퍼마켓을 비롯하여 다양한 음식점이 도로를 따라 쭉 늘어서 있다.

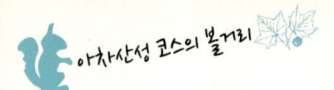

아차산성 코스의 볼거리

나무가 곳곳에 우거져 있어 자세히 봐야 보이는 아차산성

STEP 01
아차산성 {삼국시대 때 수도를 지켜낸 곳}

서울 동부의 한강변에 위치해 있는 삼국시대의 산성인 아차산성은 1973년 국가 사적 제234호로 지정되었다. 이 성은 수도를 방어하는 역할을 하였다. 과거 백제의 수도 한성이 고구려군에 의해 함락되었을 때 개로왕이 아단성 아래에서 피살되었고, 고구려 평원왕의 사위로 용맹을 날리던 온달장군이 아단성 밑에서 신라군과 싸우다가 화살을 맞아 전사했다. 아차산성에 대한 문헌 기록으로는 〈광개토왕비〉와 〈삼국사기〉가 있다. 〈광개토왕비〉에는 광개토왕이 빼앗은 성의 이름이 아단성(阿旦城)으로 명시되어 있으며 〈삼국사기〉에는 아차성(阿且城)과 아단성으로 기록되어 있다. 〈삼국사기〉에 백제 책계왕 원년(서기 286)에 수리하였다고 기록되어 있는 것으로 미루어 볼 때 백제가 처음 축조한 산성으로 짐작된다. 성벽의 높이는 외부에서 보면 평균 10m 정도이며, 내부에서 보면 1~2m이다.

STEP 02
아차산 고구려 역사문화 홍보관 { 아차산의 과거를 재조명 }

아차산 지역에 사람이 처음 정착했던 때는 신석기시대다. 광진구가 역사의 무대에 등장한 것은 286년이고 이후 고대의 교통 및 군사적 요충지로서 고구려, 백제, 신라 삼국이 국운을 걸고 싸웠던 고대사의 현장이다. 아차산 고구려 역사문화 홍보관은 이런 아차산의 과거를 재조명해 놓은 곳이다. 아차산에는 삼국시대에 조성된 것으로 보이는 보루 20여 개가 있는데, 발굴 조사 결과 고구려 군사 유적으로서의 가치가 인정되어 2004년 국가 지정 문화재로 이름을 올렸다. 아차산 고구려 역사문화 홍보관 안으로 들어가면 이 보루에 관한 이야기를 보다 상세히 알 수 있다. 아차산 고구려역사문화홍보관은 사람들이 산책을 즐기는 생태공원 가까이에 있다. 굳이 멀리 가지 않아도 우리나라 역사에 대한 궁금증을 해소할 수 있으니 아차산을 찾는 기회에 꼭 들러보자.

STEP 03
생태공원 { 잠시 쉬어갈 곳을 찾을 때 }

"죽고 사는 것은 하늘의 뜻입니다. 사랑하는 제가 왔으니 함께 돌아갑시다"
온달장군이 아차산성에서 신라군의 화살에 맞아 죽었다는 비보를 전해 듣고 평양에서 아차산까지 한달음에 달려온 평강공주가 온달장군의 관 앞에서 한 말이다. 그런데 신기하게도 평강공주의 말이 끝나자 관이 움직였다고. 평강공주는 돈이나 명예보다 사랑을 택한 여자였다. 부귀와 영화를 버리고 아무 것도 모르는 바보온달을 선택했다. 그리고 가르치고 떠받들어 큰 벼슬까지 얻게 했다. 아차산이 아름답게 느껴지는 건 바로 이런 애잔한 이야기가 전해지기 때문이 아닐까. 아차산성에서 조금만 걸어 내려오면 생태공원이 자리하고 있다. 이곳에는 쉬어갈 수 있는 의자와 공중 화장실 등 편의시설이 잘 갖추어져 있어 봄가을이면 찾는 이들이 많다.

주변의 둘러볼 곳

아이도 어른도 즐거운 가족 공원
서울 어린이대공원

이 자리는 원래 대한제국의 마지막 임금인 순종의 비인 순명왕후 민 씨의 능터였다. 순종이 생전 자주 찾던 유서 깊은 곳이다. 이후 골프장 부지로 활용되다가 1973년 5월 5일 가족 공원으로 개장하였다. 공원 안에는 109종 3,500마리의 동물이 생활하고 있다. 53만 여㎡의 넓은 부지에는 동물원, 식물원, 놀이동산은 물론 다양한 공연 시설도 있다. 특히 후문 쪽에 전시되어 있는 협궤 기관차는 어린이대공원을 찾은 이들에게 추억 여행을 선사한다. 협궤 기관차는 1951년 일본 공작창에서 제작된 것을 철도청 부산 공작창에서 조립하여, 1951년부터 1973년 1월까지 수원~남인천, 수원~여주 구간을 운행하다가 폐차 처분되었다. 이후 어린이들의 교육을 위하여 어린이대공원에 전시하고 있다. 또 공원 안에는 조국을 위해 헌신한 애국선열을 기리는 현충 시설도 있다.

이용 요금	무료
이용 시간	오전 5시~오후 10시, 동물원은 오후 5시까지 관람 가능
	(계절 및 날씨 등에 따라 일부 변경될 수 있음)
찾아가는 길	지하철 5호선 아차산역 4번 출구로 나오면 어린이대공원 후문이 바로 보인다.
	지하철 7호선 어린이대공원역 1번 출구로 나오면 어린이대공원 정문과 만난다.
홈페이지	www.childrenpark.or.kr

서울 어린이대공원 볼거리

어렸을 적 추억을 회상하기에도, 혹은 사랑하는 아이와 함께 다녀오기에도 좋다. 놓치면 아쉬운 볼거리들을 살펴보자.

동물나라

동물나라는 바다동물관, 앵무마을, 물새장, 맹수마을, 사슴마을, 원숭이마을, 초식동물마을, 들새마을, 열대동물관, 동물타기장 등으로 이루어져 있다. 어린이대공원 중심부에 위치해 있어 찾기도 쉽다.

밤에 활동하는 특성상 낮에는 숨어 있다가 저녁이 되면 죽은 고기를 찾아다니며, 턱이 매우 크고 이빨이 튼튼해 다른 동물의 뼈까지 씹어 먹는 얼룩무늬 하이에나, 주로 혼자 생활하면서 오줌이나 나무를 긁어 영역을 표시하며 한 번에 5m 이상을 뛰기도 하고 10m 아래로 뛰어내리며 사슴, 물소, 간혹 코끼리도 사냥하는 벵갈 호랑이, 오래 달리기를 잘해서 사냥감을 지치게 만든 후 잡아먹는 리카온. 이 모두를 가까이서 관찰할 수 있어 신기하기만 하다. 낙타 타기, 미니말 타기 등은 별도의 이용 요금을 내야 한다.

재미나라

재미나라는 어린이놀이터, 놀이동산, 물놀이장, 축구장, 풋살 경기장, 테니스장으로 구성되어 있다. 재미나라에 있는 어린이 놀이터는 단순히 노는 공간을 뛰어넘어 예술적 감수성과 창의성을 기를 수 있는 놀이 공간으로 사랑받고 있다. 88열차, 입체영상관, 유령의 성, 범버카, 기차여행, 회전목마, 대관람차, 파도그네 등 다양한 놀이기구를 갖춘 놀이동산과 풋살 경기장, 테니스장, 잔디 축구장은 별도의 이용 요금이 있다. 또 물놀이장은 한시적으로 운영되며 에너지 위기 단계에 따라 운영이 중단되기도 한다.

문화나라

문화나라는 능동 숲속의 무대, 열린 무대, 음악 분수, 무지개 분수, 어린이 교통안전 체험관, 캐릭터 월드, 재미있는 디자인 이야기, 돔 아트홀로 구성되어 있다. 특히 세계적으로 유명한 독일의 발트뷔네 야외 공연장에 버금간다는 평가를 받고 있는 능동 숲속의 무대는 어린이대공원 내 야외 음악당을 새롭게 조성한 곳으로, 일반 공연장과는 품격이 다른 실내 공연장 수준의 음향과 조명, 연습실을 갖추었다. 순수 국산 캐릭터를 주요 테마로 구성한 국내 최초 캐릭터 테마관 캐릭터 월드는 별도의 이용 요금이 있으니 이용 시 참고하도록 하자.

자연나라

자연나라는 식물원, 생태연못, 환경연못, 맨발공원, 장승촌, 전래동화마을, 나무뿌리원, 건강마당으로 이루어져 있다. 어린이대공원 내 식물원은 1,500㎡ 면적에 347종의 온실 식물과 500㎡ 면적에 66종의 야생화를 전시하고 있다. 다육 식물, 관엽 식물, 분재, 야생화는 순서에 따라 관람하면 편하다. 생태연못 옆에는 전래동화 속의 주요 장면을 조형물로 재미있게 구성한 전래동화 마을이 있다. 이곳에서 만나는 '콩쥐팥쥐', '해님달님', '토끼와 자라', '선녀와 나무꾼' 등의 전래동화 속 인물들을 보고 있으면 절로 미소가 지어진다. 또 유입 수량에 따라 연못이 변하는 친환경 습지인 생태연못에는 갯버들, 물옥잠 등 우리나라 습지에 재생하는 식물이 살고 있다. 습지 식물을 찾아, 기러기목 오리과에 속하는 고방오리와 극지를 제외한 전 세계에 분포하고 있는 백로가 날아든다.

08

서울특별시 노원구

불암산

숲과 기암으로 이루어진 불암산. 화강암 암반이 노출된 산에는 낙엽활엽수림이 자라고 있다. 불암산은 서울을 등지고 있는 형세를 띠고 있는데, 그로 인해 생겨난 전설도 있다. 금강산에 있던 산이 남산이 되고 싶어 한양으로 내려왔다. 그런데 이미 남산이 된 산 하나가 떡하니 버티고 있었다고. 다시 돌아갈 생각에 뒤돌아섰는데 한 번 떠난 금강산으로 다시 돌아갈 수 없었다. 그래서 돌아선 채 그 자리에 머물게 되었다는 내용으로, 그 산이 바로 불암산이다.

산에서 깡패라도 만나면 어쩌려고 그러냐는, 소심하기로는 국가대표급인 친구의 말에 웃음이 나왔다.

산에서 깡패는커녕 깡패 비슷한 사람도 만나본 적 없는 나는 친구에게 말했다.
"내가 산에 좀 다녀봐서 아는데, 이상하고 무서운 사람은 회사에 다 있더라."
하긴, 나도 산에 다녀보기 전에는 그런 고민을 조금(?) 했었다. 산에 가서 혹시 껌 좀 씹는 부류의 아이들을 만나면 어떡하지? 하다못해 다리 좀 떠는 애처럼 보여야 하나? 아니야, 이왕이면 다리도 좀 떨고 침도 좀 뱉는 애로 보여야겠지?
산이 사람을 그렇게 만드는 것인지 아니면 원래 그런 사람들만 오는 것인지는 몰라도 산에서 만난 사람들은 대부분 여유롭고 친절했다. 산에서 사람으로 인해 마음에 상처를 입은 경험은 아직까지 없다. 불암산에서는 좀 더 재미있는 경험을 했다. 불암산은 등산 초보자가 오르기에는 다소 힘든 구간이 있다. 쥐바위 코스가 그중 하나다. 크고 작은 바위를 타고 오르게 되어 있는 이 코스는 짧지만 그야말로 강하다. 마치 암벽을 타는 듯한 기분이다.
험한 곳이라 이곳을 오르는 사람들은 주변 사람들의 동태까지 세심하게 살폈다. 올라갈 때도 내려올 때도 나는 등산객들의 에스코트를 받아야 했다. 사람들은 어려운 지점이 있으면 미리 소리를 질러 알려주었다. 사람들의 그런 자상한 마음 덕분에 몸은 힘들어도 마음은 하나도 힘들지 않았다. 그러나 올라갈 때 너무 힘들게 올라가서 그런지 내려올 때는 같은 길을 걷고 싶지 않았다. 마침 덕능고개 방향에서 걸어오는 등산객이 눈에 띄길래, 그이를 붙잡고 그 길은 쉽냐고 물었다.

"저쪽 코스요? 무섭고 힘들어요."

등산객은 자신이 걸어온 길을 쳐다보지도 않고 손으로만 가리키며 말했다. 두 번 다시는 경험하기 싫다는 표정이 역력했다. 할 수 없이 나는 올라왔던 길을 다시 내려가야 했다. 내려가는 길은, 올라갈 때보다 힘들면 힘들었지 결코 덜하지 않았다.

힘든 산행을 마치고 나서 거울을 들여다보니 머리가 완전 산발이었다. 여기에 꽃만 꽂으면…. 빨리 집으로 가고 싶었다. 그런데 등산로 입구에서 누군가 나를 기다리고 있었다. 내려올 때 나에게 도움을 준 친절한 무리에 속해 있던 남자였다. 앞서 걷다가도 내가 늦을라치면 신발 끈을 묶는 척하며 나를 기다려주던 그 남자다. 처음에는 진짜로 신발 끈이 풀어진 줄 알았는데 나중에서야 그냥 '척'이라는 것을 눈치챘다. 저 밑에서 커피 한잔 하자며 남자가 나에게 말을 걸었다. 나는 시간이 없다고 답했다. 그러자 남자는 작전을 바꾸었는지 결심한 듯 말했다.

"제 차로 집까지 모셔다 드릴게요. 그게 싫으면 지하철역까지라도…."

갑작스러운 제안이라 받아들이지 못했다. 나는 죄송하다고 말한 후 서둘러 자리를 떴다. 하지만 집으로 오는 내내 기분은 좋았다. 바위 타고 오르느라 힘들었던 기억은 저 멀리로 사라졌다. 언니에게 전화를 걸어 자랑했다.

"나 불암산에서는 먹히는 얼굴인가 봐~."

등산은 내 인생의 가장
근사한 투자.
우울해하며 살기엔
우린 아직 젊다.

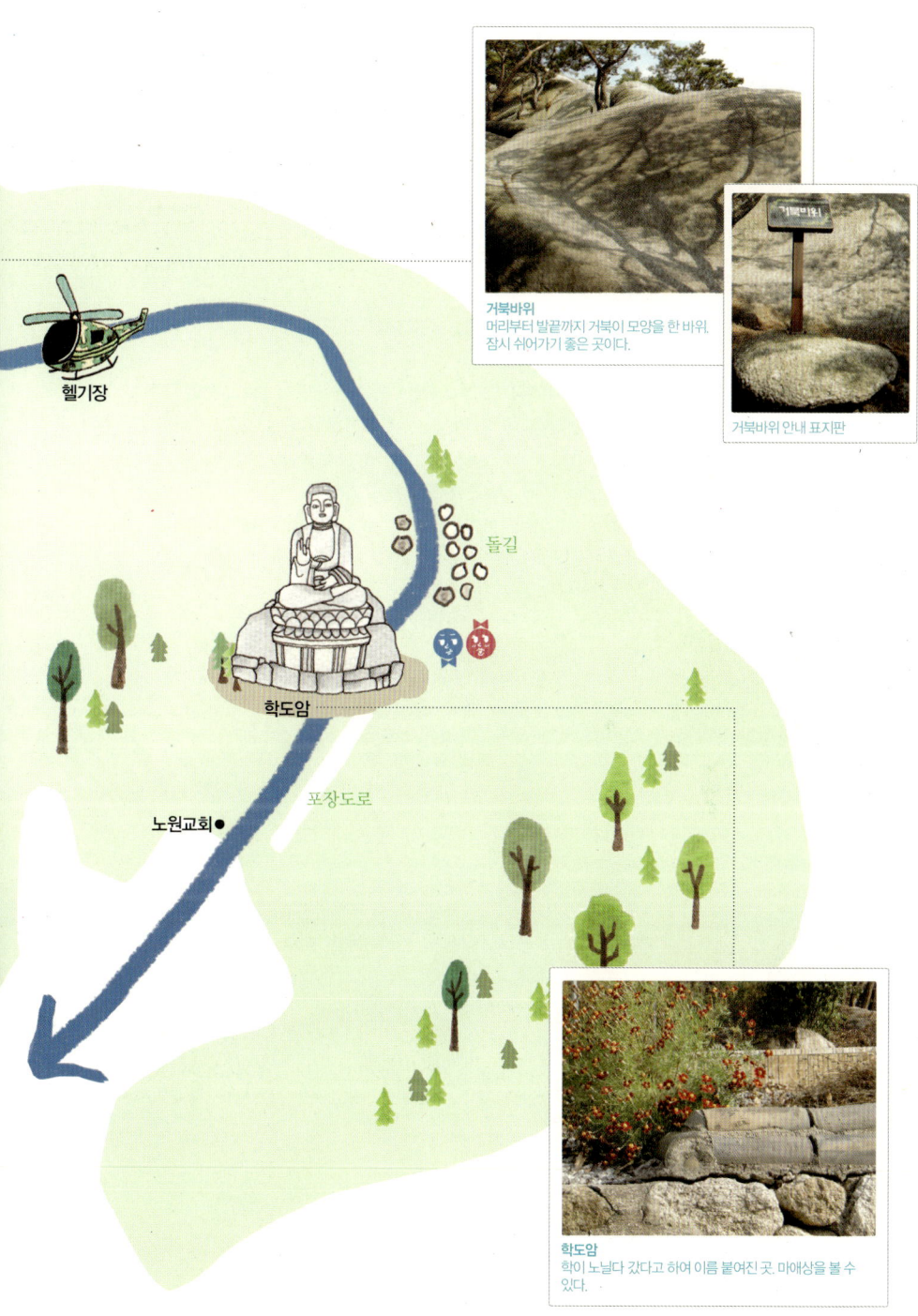

185

추천코스 01

정상 코스
땀은 뻘뻘! 살은 쏙쏙!

난이도	상 **중** 하
거리	약 4.1km
소요 시간	2시간
탐방 코스	불암산 공원 → 정상 → 학도암 → 노원교회

등산로 이름 중에 깔딱고개가 있으면 일단 힘든 구간이 있다고 보면 된다. 이 코스 또한 깔딱고개가 예외 없이 자리하고 있다. 편하게 올라간다 싶었는데 가파른 돌길과 나무계단이 대미를 장식해준다. 거북바위에서 숨을 돌리고 나면 또 오르막길이다. 가을에도 땀이 줄줄 흐를 정도로 꽤 힘들다. 정상에서 노원교회까지는 거의 내리막길이라 힘들지 않다.

불암산 코스 중에서 가장 많은 사랑을 받는 코스가 아닐까 싶다. 혼자서 오르는 사람도 은근히 많다. 등산로 중간중간에 특별히 볼거리가 있는 것은 아니지만 등산로가 깨끗하고 눈길이 닿은 곳마다 풍경이 예쁘다. 쉬워 보이지만, 그래도 명색이 산인지라 걸으면 땀이 꽤 흐른다.

정상 — 50분 — 60분 — 학도암 — 10분 — 노원교회 — 불암산 공원

🚗 찾아가는 길

지하철 4호선 상계역 1번 출구로 나와 맞은편에 보이는 길로 들어간 후 큰 도로가 나올 때까지 걷는다. 도로가 나오면 길을 건넌 후 왼편으로 걷는다. 쭉 걷다 보면 성관사와 상계제일중학교로 가는 이정표가 보이는데, 이를 따라 조금만 걸으면 불암산 공원이 나온다.

🚻 화장실

불암산 공원에 화장실이 있다. 조금 올라가다 보면 간이 화장실이 보인다. 이후에는 화장실이 없으니 보이는 즉시 볼일을 해결하는 것이 좋다.

🍴 음식점 또는 부대시설

지하철 4호선 상계역 1번 출구로 나와 맞은편에 보이는 길로 들어서면 음식점 거리라고 불러도 될 만큼 음식점이 많다. 보쌈집을 비롯해 커피숍과 편의점도 있다. 돈가스 카페 '돈스' 음식이 괜찮다. 돈가스, 초밥, 알밥 등을 부담스럽지 않은 가격에 만날 수 있다.

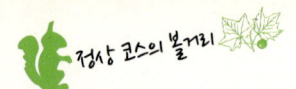 정상 코스의 볼거리

STEP 01
거북바위 { 거북이를 닮은 바위 }

우리나라 산에는 똑같은 이름을 가진 바위와 고개들이 많다. 거북바위라는 이름도 그러하다. 도봉산, 금강산, 삼성산, 치악산 등등에서도 거북바위라는 이름은 어렵지 않게 만날 수 있다. 특히 치악산의 거북바위에는 재미있는 전설이 전해 내려온다. 옛날, 거북이와 토끼가 경주를 했다. 치악산 비로봉 앞 신선대까지 누가 먼저 도착하느냐가 관건이었다. 토끼는 거북이보다 빨리 달렸다. 한참을 달리다 보니 거북이가 자기보다 훨씬 뒤쳐져 있는 게 아닌가. 그래서 토끼는 잠시 잠을 청했다. 토끼가 잠을 자고 있는 사이 거북이는 결승선 목전에 오게 되었다. 그런데 자신보다 더 빨리 달렸던 토끼가 보이지 않자 이를 이상히 여긴 거북이는 주변에 물었다. 거북이는 토끼가 잠이 든 것을 알게 되었고 정정당당하게 시합을 펼칠 생각으로 토끼가 잠에서 깨어나기를 기다렸다. 그런데 천 년이 지나도 토끼는 깨어나지 않았고 거북이는 기다리다가 돌이 되어 버렸다고.

삼성산의 거북바위는 바위가 거북이 등껍질 같다고 해서 붙은 이름이다. 그런데 불암산의 거북바위는 진짜 거북이 모양을 하고 있다. 머리부터 발끝까지 신기할 정도로 거북이를 닮았다.

진짜 넓적한 거북이의 등 모양을 하고 있다.

STEP 02
학도암 { 마애상이 있는 사찰 }

학도암이라는 이름은, 주변 경치가 너무 아름다워 학이 날아와 노닐다 갔다고 해서 붙었다고 한다. 학도암은 조선 인조 2년(1624) 무공화상이 불암산에 있던 옛 절을 이곳으로 옮겨 창건하였다. 이후 고종 15년(1878) 벽운화상이 중창하고 고종 22년(1885) 경선화상이 불상 1구를 개금하고 탱화 6점을 그렸다. 그러나 한국전쟁 때 모든 건물이 소실되었고, 이를 1965년 김명호 주지가 재창건하였다. 학도암에는 대웅전, 불법당, 삼성각 등의 전각이 있으며, 대웅전 뒤편 암벽에는 명성왕후의 염원에 따라 1872년 조성된 높이 22.7m, 폭 7m의 거대한 '마애관음보살좌상'이 있다. '마애관음보살좌상'은 조선후기의 뛰어난 마애상으로 평가받고 있으며 서울시 유형문화재 제124호로 지정되어 있다. 학도암에서 버스 정류장까지는 포장도로여서 걷기에도 편하다.

 TIP
남양주 갈림길에서 헬기장/공릉동 방향으로 가야 학도암을 만날 수 있다. 길을 따라 한참 걸으면 학도암이 표시된 이정표가 보인다. 오른편에 보이는 내리막길을 선택해 400m 정도 걸으면 학도암이 바로 보인다.

쥐바위 코스
힘들어서 오히려 매력적인 곳

생각보다 힘들어 산행 구간이 길게 느껴지는 코스다. 불암정에서 보이는 풍경이 멋지니 놓치지 말자. 쥐바위에서 덕능고개 쪽으로 가는 길 또한 힘들고 어렵다. 힘들지만 그만큼 해냈다는 기분이 들기 때문에 보람도 크다.

난이도 상 중 하
거리 약 3.4km
소요 시간 편도 55분(왕복 1시간 50분)
탐방 코스 제4등산로 입구 → 돌다방 쉼터 → 쥐바위

짧지만 강한 코스다. 올라오기도 쉽지 않고 내려가기도 쉽지 않다. 돌다방 쉼터까지는 그런대로 괜찮지만 이후에는 그야말로 가파른 거대한 돌산이다. 마치 암벽을 타는 듯한 기분이다. 힘든 만큼 보람도 있거니와 이곳을 경험하고 나면 대부분의 산이 쉽게 느껴질 것이다.

🚗 찾아가는 길

지하철 4호선 상계역 1번 출구로 나와 맞은편에 보이는 길로 들어간 후 큰 도로가 나올 때까지 걷는다. 도로를 건넌 후 왼편으로 가면 보면 성관사와 상계제일중학교로 가는 이정표가 보인다. 이정표를 따라 조금만 걸으면 불암산 공원이 나온다. 불암산 공원 화장실 뒤편에 쥐바위 코스 입구가 있는데, 이곳이 불암산 제4등산로 입구다.

🚻 화장실

불암산 공원에 화장실이 있으며 쥐바위까지는 화장실이 없다.

🍴 음식점 또는 부대시설

지하철 4호선 상계역 1번 출구에서 불암산 공원까지는 음식점, 커피숍, 편의점이 있다. 도로 주변에는 24시간 운영하는 닭곰탕집과 돼지국밥집이 있다. 불암산 공원부터는 음식점과 매점이 없으니 참고하자.

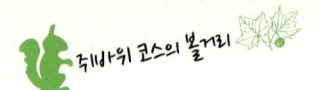

불암정에서 보이는
시원한 풍경

STEP 01
불암정 { 경치 감상에 제격인 곳 }

2009년 12월에 세워진 불암정은 문화, 자연, 역사를 동시에 보고 느낄 수 있는 곳이다. 쥐바위 코스에서 가장 경치가 아름다운 곳으로도 손꼽힌다. 이곳에 올라서면 사명대사가 일본에서 고국을 바라보며 충정한 마음으로 소회를 읊은 시가 시선을 사로잡는다.

대마도에서 꿈에 한강을 건너다 깨면서
가을 동산이 고요하고 밤은 바야흐로 깊고
달은 밝으니 차가운 낙엽이 물가에 떨어짐이로다.
돌아갈 마음은 간절하여 험한 물결도 두렵지 않으니
꿈속에서 조급하게 서울에 이르렀음이로다.

두 귀밑 아래 천 가닥의 흰 수염이니
맑은 새벽에 거울 보기가 두려움이로다.
나그네 마음은 세월이 빠른 것에 놀라니
내일이면 또한 가을 바람을 보냄이로다.

STEP 02
돌다방 쉼터 {숲에 둘러싸여 휴식을 맞는 곳}

"자기 자신과의 싸움이라는 점에서 배우와 마라토너는 비슷하다. 죽으나 사나 혼자 뛰어야 하는 것. 그 누구도 대신 뛰어줄 수 없다는 것이 배우와 마라토너의 공통점이다." 영화배우 김명민은 마라토너를 다룬 영화 '페이스 메이커'의 홍보 인터뷰에서 이렇게 말했다. 사실, 세상 모든 인생은 다 비슷하지 않을까 싶다. 그래서 생겨난 말도 있지 않은가. 인생은 셀프라고. 돌다방 쉼터에 오면 이 말이 자연스럽게 떠오른다. 이정표가 적힌 돌다방 쉼터를 처음 보고서는 진짜 커피와 음료수를 판매하는 곳인 줄 알았다. 그런데 아니었다. 커피와 음료수를 마실 수 있는 공간만 있고 나머지는 스스로 해결해야 한다. 등산로 입구에서 조금만 올라오면 만날 수 있는 돌다방 쉼터는 주변이 숲으로 둘러싸여 있어 책을 읽거나 음악을 듣기에도 안성맞춤인 곳이다.

plus page

테마가 있는 길

산이 뿜어내는 신선한 공기를 마실 수 있는 곳

불암산 둘레길

불암산 둘레길은 중장거리 트레킹 코스다. 계곡과 계곡 사이에 있는 단절 구간에는 나무다리가 설치되어 있어 걷는 이들의 수고를 덜어주고, 길 곳곳에 있는 평상과 의자는 휴식처 역할을 톡톡히 한다. 길은 그야말로 산 둘레길로 이루어져 있다. 때문에 산속에서 뿜어져 나오는 신선한 공기를 산책하는 내내 느낄 수 있으며 등산하는 기분도 낼 수 있다. 불암산 둘레길은 이렇다 할 난코스가 없어 누구나 부담 없이 즐길 수 있다.

불암산 둘레길 찾아가는 길

🚌 지하철 4호선 당고개역 1번 출구에서 길을 건넌 후 왼편으로 보면 버스 정류장이 보인다. 여기서 33-1번 버스를 탄 후 군교육장(덕능고개)에서 하차해서 왼편으로 보면 오르막 계단이 보인다. 계단을 따라 올라가면 오른편에 둘레길이 나온다. 둘레길에서 만날 수 있는 이정표가 있어 길 찾는 데 도움을 준다.

🚌 지하철 7호선 공릉역 2번 출구로 나와 주변을 둘러보면 원자력병원으로 가는 이정표가 보인다. 이정표를 따라 병원 방향으로 무조건 걷는다. 공릉동 백세문은 원자력병원에서 3분 정도 거리에 있다. 녹색 포장길을 따라 걷다 보면 길 건너에 공릉동 백세문이 바로 보인다. 백세문을 통과한 후 올라가면 104마을 갈림길을 만날 수 있고, 백세문을 마주 본 상태에서 오른편으로 걸으면 삼육대 정문이 나온다. 공릉역에서 백세문까지는 도보로 15분 정도 소요된다.

🚌 지하철 1호선 석계역 4번 출구에서 삼육대학교행 버스 1155번, 1156번을 이용한다. 삼육대학교 정문에서 왼편 길을 따라 쭉 걸으면 둘레길이 보인다.

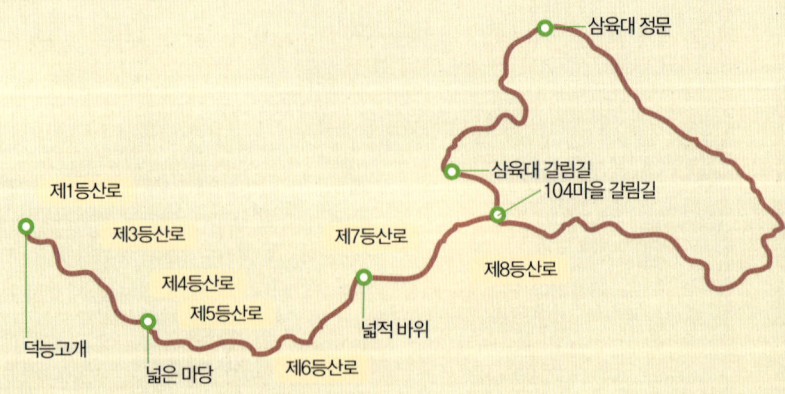

특별히 추천하는 둘레길 코스

험난한 코스가 거의 없어 걷기에 좋은 불암산 둘레길. 여자들을 위해 안전하고 경치 좋은 코스들을 소개한다.

덕능고개~넓은 마당

거리 1.6km **소요 시간** 약 40분

불암산 둘레길 대부분이 그렇듯 이 코스 또한 길이 잘 정비되어 있어 걷기에 좋다. 하지만 사람들이 많이 다니지 않으니 혼자 걷는 것은 가급적 피하도록 하자. 왼편은 산이지만 오른편에는 마을이 보여 색다른 느낌을 준다. 둘레길에서 잠시 벗어나 마을을 구경해보는 것도 좋다. 서울에서는 보기 드물게 오래된 풍경을 간직한 마을은 여행자의 가방에서 카메라를 끌어낸다.

넓은 마당~넓적 바위

거리 2km **소요 시간** 약 1시간

이 코스는 불암산을 횡단하는 형태로 조성된 건강 산책로다. 별도의 등산 장비를 갖추지 않아도 물 한 통만 달랑 준비하고 부담 없이 산길을 걸을 수 있다. 산책로 중간 중간에 약수터와 쉼터가 있고 오솔길, 계곡길, 흙길, 돌길이 있어 걷는 시간이 지루하지 않다. 이 코스에서는 불암산 명예 산주이자 탤런트인 최불암 씨의 글도 만날 수 있다. '수천 만 대를 거쳐 노원을 안고 지켜온 큰 웅지의 품을 넘보아가며 터무니없이 불암산을 빌려 살았습니다. 용서하십시오.'라는 내용이 담긴 비석은 보는 이들을 잠시나마 숙연하게 만든다.

넓적 바위~104마을 갈림길

거리 1.2km **소요 시간** 약 20분

불암산 둘레길은 난코스가 없는 편이다. 이 코스 역시 그렇다.
'불암산 횡단형 건강 산책로'로 정해져 있을 정도로 길이 무난하다.
걷다 보면 넓은 바위가 눈에 들어오는데, 생김새 그대로 바위의
이름은 넓적 바위다. 바위 너머로는 도시의 아파트 단지가 보인다.

104마을 갈림길~삼육대 갈림길

거리 0.6km **소요 시간** 약 10분

불암산 둘레길 중에서 제일 짧은 코스다. 이곳은 맨발길이다.
그만큼 길이 깨끗하고 걷기에 좋다. 주변은 울창한 나무로
둘러싸여 있어 기분이 상쾌해진다. 길 중간에는 긴 벤치도
있어 쉬어가기에 좋다. 이 코스는 신갈나무 군락과 갈참나무
군락 등 다양한 산림 생태계가 발달되어 있어 불암산 삼육대
생태·경관보전지역으로 지정되어 있다.

104마을 갈림길~공릉산 백세문

거리 1.8km **소요 시간** 약 30분

공릉동이라는 이름은 자연 부락인 공덕리의 공(孔) 자와 태릉의 릉(陵) 자를 따서 지었다. 104마을 갈림길에서 공릉산 백세문에 이르는 길에는 도심에서는 좀처럼 보기 힘든 마을이 보인다. 저녁이면 노을이 그림처럼 마을을 감싸 색다른 분위기를 연출한다. 이곳에는 명품 맨발길도 있는데, 신발을 벗고 걸으면 발바닥이 자극되어 쌓인 피로가 풀린다.

공릉산 백세문~삼육대 정문

거리 3.2km **소요 시간** 약 50분

불암산 둘레길은 대부분이 자연 속에 조성되어 있다. 하지만 이 코스는 그렇지 않다. 처음부터 끝까지 도로를 따라 걷게 되어 있다. 이정표도 다른 코스에 비하면 적은 편이다. 그렇다고 실망할 필요는 없다. 볼거리는 풍부하니까. 산책길에는 유네스코 세계유산으로 지정된 태릉과 강릉이 있다. 태릉은 조선의 11대왕 중종의 둘째 계비 문정왕후 윤씨를 모신 곳이고, 강릉은 제13대왕 명종과 인순왕후 내외를 모신 곳이다. 태릉에는 조선왕조 500여년 역사를 고스란히 담은 조선 왕릉의 이야기를 감상할 수 있는 조선 왕릉 전시관도 있다.

삼육대 정문~삼육대 갈림길

거리 2km **소요 시간** 약 40분

이 코스는 사랑할 수밖에 없다. 삼육대 정문으로 들어와 왼편 길로 계속 걷다 보면 둘레길로 들어갈 수 있는 은산로가 보인다. 넓고 깨끗한 길을 따라 걸어 올라가면 크고 아름다운 호수가 모습을 드러낸다. 호수의 이름은 제명호로 이제명 목사의 한국어 이름에서 따왔다. 산속에 펼쳐진 호수는 이질적인 감동으로 다가온다. 제명호가 있는 곳부터는 자연 그대로의 흙길이 펼쳐진다.

TIP

삼육대 학생 식당 음식이 꽤 괜찮은 편이다. 가격 또한 저렴해서 여러모로 만족이다. 음식은 밥 종류부터 샌드위치까지 다양하다. 삼육대 정문에서 쭉 걸어오다가 오른편으로 보면 학생 식당이 있는 학생회관이 보인다. 식당은 1층에 위치해 있다.

09

경기도 의왕시

청계산

전지현, 이민정, 이효리와 천정명, 성시경 등이 찾은 탓에 연예인 산으로도 불린다. 강남에서 가까운 산이라 그런지 유명인들도 즐겨 찾는다. 등산로는 대체로 무섭지 않고 예쁘다. 계단 형식으로 잘 정비되어 있고 거친 바위가 많지 않아 등산에 대해 두려움이나 부담감을 가진 사람에게도 만족감을 준다. 빽빽하게 들어찬 나무가 숨을 쉬는 청계산은 2011년 10월 개통된 지하철 신분당선으로 인해 사람들과 한층 더 가까워졌다.

청계산, 산 이름이 참 예쁘다
산에서 만나는 사람들도 하나같이 멋있고 예쁘다.

내 눈이 잘 못 되었나 생각하는 찰나에 그게 아니라고 친구가 말해준다. 이 산의 또 다른 이름이 연예인 산이라고. 실제로도 연예인들이 많이 오른다고 한다. 운이 좋으면 단체로 등산에 나선 유명인들을 만날 수 있다고 한다. 성시경, 전지현 등 이름만 대면 알 만한 스타들도 찾았다는 말에 주변을 두리번거렸다. 혹시 연예인 구경을 할 수 있을까 싶어서. 연예인들이 많이 찾는 맛집에 가면 특별한 무엇이 있듯 청계산 또한 그러했다.

    청계산의 매력은 부담이 없다는 것이다. 늦잠을 잔 날이나, 오후에 약속이 있는 날 찾아도 된다. 지하철역에서 내려 10분 정도만 걸어가면 등산로가 보이고 산세가 험하지 않아 등산을 마치고 내려와도 산에 갔다 온 티가 안 난다. 처음부터 끝까지 아름다움을 유지할 수 있다고나 할까. 나는 등산 전과 후가 확연히 차이나는 유형의 사람이다. 등산을 마치고 나면 여지없이 이마에 써 붙이고 다닌다. '나 산에 갔다 왔어요'라고 말이다. 머리는 동네에 한 명쯤 있는 이상한 언니처럼 헝클어지고 화장은 땀으로 얼룩져 차마 볼 수 없을 정도다.

    그런데 청계산은 달랐다. 청계산은 천천히 걸어도 된다. 점심을 먹고 올라도 상관없다. 옥녀봉 코스와 매봉 코스는 왕복 2시간이면 충분하다. 산에 오르다보면 한 번은 만나게 되는 복병도 없다. 등산로 입구에 들어서면 살아있는 화석으로 불리는 메타세쿼이아 나무가 등산객을

맞이한다. 메타세쿼이아 나무가 자라고 있는 숲은 작지만 감동은 크다. 나무 그늘 사이에 햇빛이 들어오면 묘하고도 신비스러운 분위기가 연출된다.

　매일 오면 참 좋겠다고 친구가 행복한 미소를 지으며 말했다. 친구 얼굴에 드리워져 있던 그늘은 어느새 말끔히 걷혔다. 옥녀봉에 오르니 동화책에서나 나올 법한 숲속 도서관이 오도카니 자리하고 있는 것이 보였다. 꽤 많은 탁자와 의자가 자신들을 아름답게 이용해줄 손님을 기다리고 있었다. 사람들은 탁자에 앉아 가지고 온 먹을거리를 꺼내 먹었다. 친구와 나도 보온병에 담아 온 커피를 꺼냈다.

　사실, 산 정상에서 할 수 있는 그렇게 많지 않다. 한눈에 산 정상임을 말해주는 팻말 앞에서 인증 사진을 찍거나 산 아래 경치를 바라보며 잠시 사색의 시간에 빠지는 것이 전부일 때가 많다. 가지고 온 음식도 아무 데나 걸터앉아 대충 먹고 가야 한다. 그런데 청계산 옥녀봉은 다르다. 이제껏 우리가 봐온 정상과는 달라도 너무 다르다. 이곳에는 여유가 있고 쉼이 있다. 넓은 공간에 놓인 탁자와 의자가 그것들을 제공해준다.

　천천히 숲 속을 걷고, 그 속에서 커피를 마시고 이야기를 나누다가 한 가지 확실한 사실을 알게 되었다. 청계산은 내가 제일 사랑하는 산이 될 것임을 말이다.

옥녀봉
예쁜 여성의 모습처럼 보인다 하여 이름 붙여진 곳. 과천 시내가 내려다보인다.

옥녀봉에서 잠시 쉬어가자.

원지동 미륵당
225cm에 달하는 큰 규모의 석불입상이 모셔져 있다.

추천 코스 01

매봉 코스
산, 행복을 전해주는 단어

등산을 하면서 소원도 빌 수 있다면? 그것만큼 재미있는 일도 없을 것이다. 매봉 코스가 즐거운 이유는, 바위의 문을 세 번 통과하면 소원이 이루어진다고 전해지는 돌문바위가 있기 때문이다. 난구간이 없어 산이 주는 행복을 여유롭게 느낄 수 있는 것도 장점이다.

난이도	상 중 ⓗ
거리	약 4.7km
소요 시간	편도 1시간(왕복 2시간)
탐방 코스	등산로 입구 → 돌문바위 → 매봉

오르막이지만 계단으로 꾸며져 있어 무섭거나 위험하지 않다. 하지만 가파른 계단을 오를 때는 각오해야 한다. 등산로 주변은 울창한 숲으로 둘러싸여 있어 기쁨을 안겨준다. 매바위와 매봉에 올라서면 탁 트인 주변 경치를 시원하게 감상할 수 있다.

TIP 등산로 입구에서 조금 걸어오면 매봉으로 갈 수 있는 이정표를 두 개나 만나게 된다. 이때 왼편 길(매봉 2.2km)을 선택하면 된다.

매봉
10분
돌문바위
50분
등산로 입구

🚗 찾아가는 길

지하철 신분당선 청계산입구역 2번 출구로 나와 곧장 걷는다. 5분 정도 걷다 보면 오른편에 원지동 미륵당이 보이고 그 뒤로 굴다리 같은 것이 보인다. 굴다리를 통과해서 3분 정도만 더 걸으면 청계산 등산로 입구가 보인다.

🚻 화장실

원지동 미륵당 뒤편과 옥녀봉 코스 초입에 화장실이 있다. 되도록이면 지하철역에서 볼일을 본 후 출발하는 게 좋다.

🍽 음식점 또는 부대시설

청계산입구역 2번 출구로 나와 쭉 걸으면 아웃도어 매장과 음식점들이 보인다. 굴다리를 통과한 후 청계산 원터골 입구로 들어오면 '국수 (서울시 서초구 원지동 377-1 2층)'가 보인다. 3대를 이어온 집으로 45년 전통을 자랑하는 국수 명가이다. 무시래기밥도 맛있고 국수 맛도 일품이다. 원터골 입구에는 음식점이 상당히 많으며 커피를 판매하는 작은 슈퍼와 김밥을 판매하는 곳도 있다.

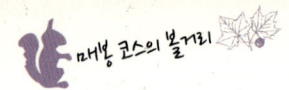

STEP 01
돌문바위 {소원을 들어주는 문}

창덕궁에 돌로 만든 작은 불로문이라는 문이 있다. 키가 큰 사람은 허리를 숙여야 통과할 수 있다. 불로문은 왕의 장수를 기원하는 염원을 담아 만들어졌는데 문을 통과하는 사람은 늙지 않고 무병장수를 누린다고 믿었다. 문에 담긴 의미를 알아서일까, 외국인들도 불로문 앞에서는 마음을 가다듬고 소원을 빌며 지나간다. 중국 서산에도 소원을 이루어주는 문이 있다. 서산을 넘으면 소원을 이루어주겠다는 옥황상제의 약속을 믿고 물고기들이 용으로 승천하기 위해 통과한 문이라는 전설이 전해지는 용문 앞은 소원을 빌기 위해 찾아오는 사람들의 발길이 끊이지 않는다. 청계산의 돌문바위에도 바위 문을 세 번 통과하면 소원이 이루어진다는 이야기가 전해지고 있다. 물론 입증된 사실은 아니다. 하지만 청계산을 찾은 등산객들은 돌문바위를 그냥 지나치지 않는다. '청계산의 정기를 듬뿍 받아가세요'라고 쓰인 나무판을 보지 못했다면 그냥 지나칠 법도 한데, 이야기가 바위를 특별하게 만들어주는 것 같다.

세 번 통과하면 소원이 이루어진다는 돌문

STEP 02
매봉 { 서울이 한눈에 보이는 곳 }

옛날에는 청계산에 매가 많았던 모양인지 매가 이름 앞에 붙은 매바위도 있고 매봉도 있다. 하지만 정작 매는 없다. 매가 속해 있는 맹금류는 성질이 사납고 행동이 민첩한 육식성 조류다. 그래서 날카로운 눈빛을 가진 사람을 가리켜 매의 눈을 지녔다고 한다. 현재 멸종 위기종으로 분류되어 있다. 우리나라뿐 아니라 전 세계적으로도 찾아보기 힘들다. 우리나라에서는 매를 천연기념물 제323호로 지정하여 보호하고 있다.

'꿩 잡는 게 매'라는 속담이 있다. '꿩'을 잡지도 못하는 무늬만 '매'인 것은 의미가 없고 '꿩'을 잡을 수 있어야 진짜 '매'라는 뜻이다. 실제로 매는 꿩 사냥에 이용되었다. 총알 같이 민첩한 행동과 날카로운 발톱이 꿩을 잡는 데는 제격이었다. 이런 속담으로 미루어보면 그 옛날 청계산에는 꿩이 살았을 법도 하다. 오늘날 매봉에는 매와 꿩은 없지만 아름다운 경치가 있다. 매봉 정상에 올라서면 저 멀리 우면산, 서울N타워, 북한산, 삼성타운, 스타타워 등 눈부시게 발전한 서울의 모습이 보인다.

STEP 03
메타세쿼이아 숲 { 탄성을 자아내는 숲 }

청계산 등산로 입구에 들어서면 입에서 탄성이 절로 터져 나온다. 바로 메타세쿼이아 나무 때문이다. 비록 그 수는 적지만 몇 그루의 나무가 자아내는 신비로운 분위기는 그 어느 숲에도 뒤지지 않는다.

메타세쿼이아는 은행나무와 함께 살아있는 화석식물로 불리는 나무로, 1940년까지 화석으로만 존재하였다. 중국 사람들은 메타세쿼이아 나무의 존재를 알지 못했을 때 '신의 나무'라 부르기도 했다고.

메타세쿼이아 나무의 매력은 엄청 큰 키다. 나무 밑에 서 있으면 마치 숲에 둘러싸인 기분이 들어 편안해진다. 청계산에서 만날 수 있는 메타세쿼이아 숲은 옥녀봉 코스로 가는 길에서도 보인다. 메타세쿼이아 숲 바로 앞에는 계곡 물이 흐르는데, 잠시 앉아 계절을 느끼기에 부족하지 않다.

추천 코스 02

옥녀봉 코스
예쁜 생활 에너지가 가득한 길

옥녀봉 코스는 언뜻 보면 사람의 손을 많이 탄 것 같다. 나무가 빽빽한 숲도, 쓰레기 하나 없는 등산로도 모두 사람의 관리를 받고 있는 듯한 인상을 준다. 하지만 그것이 나쁘다기보다는 오히려 쾌적하다. 숲도 관심과 애정을 많이 받으면 더 예뻐지는 것 같다.

난이도	상 중 ⓗ
거리	약 3.7km
소요 시간	편도 40분(왕복 1시간 20분)
탐방 코스	등산로 입구 → 원터골 쉼터 → 옥녀봉

등산로가 잘 다듬어져 있어 산책하는 느낌이 들 정도로 편하며 높이는 매봉보다 낮다. 가파르지 않은 계단과 평지가 적절히 조화를 이루고 있어 청계산을 찾는 사람들에게 인기가 많은 코스다. 옥녀봉에는 오래 머물며 쉴 수 있는 의자와 탁자도 많다.

옥녀봉
20분
원터골 쉼터
20분
등산로 입구

🚗 찾아가는 길
매봉 코스와 가는 길은 동일하다. 지하철 신분당선 청계산입구역 2번 출구로 나와 직진해서 쭉 걷는다. 5분 정도 걷다 보면 왼편에 원지동 미륵당이 보이고 그 뒤로 굴다리 같은 것이 보인다. 굴다리를 통과해서 3분 정도만 더 걸으면 청계산등산로 입구가 나온다.

🚻 화장실
원터골 쉼터 근방에 간이 화장실이 있으나, 지하철역의 화장실을 이용하는 것이 좋다.

🍽 음식점 또는 부대시설
청계산입구역 2번 출구로 나와 쭉 걸으면 아웃도어 매장과 음식점들이 보인다. 굴다리를 통과한 후 청계산 원터골 입구로 들어오면 음식점 국시 맞은편에 '조선면옥(서울시 서초구 원지동 379-4)'이 보인다. 냉면, 장국밥, 순두부 정식, 파전 등을 판매한다.

옥녀봉 코스의 볼거리

> 옥녀봉에서 보이는 시원스러운 풍경

STEP 01
옥녀봉 { 예쁜 여성의 자태와 같은 봉우리 }

청계산은 청룡산으로 불리기도 했는데, 옛날 옛적 푸른 용이 산허리를 뚫고 나와 승천했다는 전설도 전해지고 있다. 옥녀봉이라는 이름은 어느 산에서나 만날 수 있는 흔한 이름이다. 전국 각지의 수많은 산에 옥녀봉이라는 이름을 가진 봉우리가 존재하고 내려오는 전설도 많다. 옥녀봉 꼭대기의 바위에 난 구멍에 손가락을 넣으면 옥황상제가 노하여 비를 내린다는 전설을 비롯하여 옥황상제의 딸인 옥황선녀가 옥구슬을 가지고 놀다가 그만 실수로 옥구슬을 떨어뜨렸는데 그곳이 바로 옥녀봉이라는 전설까지, 이야기는 이루 헤아릴 수 없을 정도로 많다. 청계산의 옥녀봉은 봉우리가 예쁜 여성처럼 보인다고 해서 붙여진 이름이라는데, 옥녀봉의 예쁜 모습을 보니 맞는 것도 같다. 옥녀봉에 올라서면 과천경마공원, 과천정부청사, 과천성당, 과천외고 등이 보인다.

STEP 02
원지동 미륵당 {석불입상이 모셔져 있는 곳}

지하철 청계산입구역에서 청계산 쪽으로 걸어오다 보면 제일 먼저 만날 수 있는 곳이다. 이곳은 원래 원지동 원터였다. 조선시대 공무(公務)로 여행하는 사람들을 위하여 교통 요충지에 역(驛)과 원(院)을 설치하였는데 이곳에도 큰 원(院)이 있었다고 한다. 원지동 미륵당 안에는 석불입상이 모셔져 있다. 225cm에 달하는 큰 규모의 석불입상은 현재 서울특별시 유형문화재 제93호로 지정되어 있다. 이 불상은 영험함이 있는 것으로도 알려져 이곳 주민들은 1년에 한 번씩 동제를 지내기도 한다. 불상은 전체적으로 큰 기둥의 모양을 하고 있고 표면에 호분(여자들이 얼굴을 단장할 때 바르는 흰 가루)이 두껍게 칠해져 있다. 머리가 커다랗고 머리 윗부분이 뾰족하며, 얼굴이 길고 어깨가 좁아 토속적이고 위축된 모습이다. 미륵당 앞의 작은 삼층 석탑은 지붕돌의 귀퉁이가 훼손되었고 상륜부는 남아 있지 않다. 석탑과 석불이 있는 것으로 보아 이 일대가 원래 절터였음을 짐작할 수 있다.

주변의 둘러볼 곳

몸과 마음의 여유를 찾고 싶을 때 가는 곳

양재 시민의 숲

드라마 '패션70's'와 '겨울연가'의 촬영지로도 유명한 양재 시민의 숲은 나무로 가득 차 있다. 단풍나무와 메타세쿼이아, 소나무는 이곳을 찾는 이들의 몸과 마음에 여유를 선물한다. 공원 내에는 약 10만 6,600여 그루의 나무가 심어져 있고 바로 옆에는 양재천이 흐르고 있어 산책에 나선 이들을 여러모로 만족시킨다. 생각보다 꽤 넓은 공원 안에는 맨발로 걸을 수 있는 맨발 공원과 배드민턴장 등이 있고 윤봉길 의사의 유물과 발자취를 엿볼 수 있는 매헌기념관도 있다.

1908년 6월 21일 충청남도 예산군에서 태어난 윤봉길 의사는 19세 때 고향에 야학을 세워 농촌계몽운동을 시작했다. 23세에는 '사내대장부는 집을 나가 뜻을 이루기 전에는 살아서 돌아오지 않는다'는 뜻인 '장부출가생불환(丈夫出家生不還)'이라는 글을 써놓고 중국으로 망명, 청도를 거쳐 대한민국 임시정부가 있는 상해에 도착하였다. 1932년 4월 29일 홍구공원에서 열리는 기념식에 일본군 수뇌들이 참석한다는 소식을 들은 윤봉길 의사는 백범 김구 선생이 지휘하는 한인애국단에 가입하여 특공작전을 감행할 것을 자원하였다. 그러고는 마침내 결전의 날, 홍구공원에서 일본군 총사령관 시라카와 등 군정 수뇌부 7명에게 폭탄을 투척하여 일본의 전의를 상실케 하는 데 성공하였다. 윤의사는 현장에서 일본 헌병에게 체포되어 현지의 군법 재판에서 단심으로 사형을

선고받고, 11월에 일본으로 이송되어 그 해 12월 19일 25세를
일기로 순국하였다. 매헌기념관에 전시되어 있는 윤봉길 의사의 일기
'서언(序言)'에서는 윤의사의 번민이 느껴진다.

가도 만류치 못하는 것이 세월이다.
보라, 60초가 1분, 60분으로 1시간, 24시가 1주야.
자전을 마치고 사정없이 핑핑 돌아가는 지구가
어느덧 3만 6,000의 자전을 마친다.
이것이 한 사람의 일생이다.

아, 그러면 무정한 저 광음이 인생을 얼마나
희생하였는고, 생각이 여기에 도달하였도다.
묻노니 이러한 단촉(短促)한 기간에
겪어보내는 것이 무엇인가?

참, 붓으로 기록할 수 없는 고통, 번민, 노력,
백도망시일도한(百渡忙時一渡閒)으로 희락(喜樂)
그것으로 일생을 보내는 이 인생이다.

유차논지(由此論之)컨대 이 인간은 눈물로 되었구나!
눈물로 된 인간이여, 나의 심회 억제할 수 없구나!

전제(前題) 인생론은 청천(靑天)일장지(一張紙)를
득(得)이라도 미가진기(未可盡記)일이다.
금년의 행사나 기록하여 보자.

양재 시민의 숲 찾아가는 길
🚌 지하철 신분당선 양재 시민의 숲(매헌)역 1번 또는 5번 출구에서
도보 5분(매헌기념관은 5번 출구와 더 가깝다).
🚌 청계산에서 양재 시민의 숲으로 바로 가려면 굴다리에서 봤을 때
오른쪽 맞은편 정류장에서 4432번 버스를 탄 후
양재 꽃시장 앞에서 하차하면 된다.
매헌기념관 이용 요금 무료
매헌기념관 이용 시간 오전 10시~오후 4시 30분(동절기),
오전 10시~오후 5시 30분(하절기), 매주 월요일 휴관

10

경기도 동두천시

소요산

한수 이북(한강을 기준으로 북쪽 지역) 최고의 명산. 경기의 금강산 등 각종 찬사가 따라다니는 소요산은 천연 기암괴석이 봉우리를 이루고 있다. 소요산에는 원효대사와 요석공주의 이야기가 곳곳에 담겨 있다. 원효대사는 소요산의 한 절벽에서 자살을 결심하기도 했으며 요석공주는 원효대사를 사모하여 소요산에 별궁을 짓고 살기도 하였다. 등산 중에 만나는 공주봉, 자재암, 원효폭포 등을 지나치며 그들이 떠올라 왠지 소요산이 더 아름답게 느껴진다.

세상에나 이런 곳이 다 있네!

소요산의 첫인상은 굉장했다. 원효대사가 자살을 하기 위해 올라섰다는 바위 밑은 기이한 분위기를 풍겼다. 마치 일부러 파놓은 것 같은 굴 속에는 사람들이 소원을 빌며 쌓아놓은 돌이 보였다. 나는 산 밑에서 한참동안 머물렀다. 소요산은 등산을 시작하기도 전부터 사람을 놀라게 한다. 누군가를 놀라게 하려면 소요산만 한 곳도 없다는 데 한 표다. 소요산은 일단 보여주고 시작한다. 아름다운 폭포도 산 밑에 다 있다. 멋진 풍경과 놀라운 자연은 입장료 천 원을 부끄럽게 만든다.

'원효대사가 거쳐간 산은 다 좋더라'는 누군가의 말이 떠올랐다. 산을 다니면서 느낀 건데 원효대사가 이름을 지었다는 사찰이 있는 산이나, 원효대사가 입산하여 수도를 했다고 전해지는 산은 모두가 명산이다. 모르긴 몰라도 원효대사의 산에 대한 안목은 탁월했던 것 같다. 소요산에 올라 자연 속에 몸을 두고 있자니 계속 이렇게 살아도 좋겠다는 생각이 든다. 천여 년 전 원효대사도 나와 같은 생각을 했을까. 소요산에는 원효대사와 그를 사랑했던 요석공주도 아들과 함께 머물렀다.

소요산은 올라갈수록 사람의 그림자가 거의 보이지 않는다. 지하철에서 같이 내린 그 많던 등산객들은 다 어디로 갔을까. 소요산은 쉬운 산이 아니다. 공주봉 코스는 그런대로 괜찮지만 자재암 코스는 나름의 각오를 하고 올라야 한다. 그런데 힘든 자재암 코스가 더 멋지고

아름다우니 갈등할 수밖에 없다. 경치를 선택할 것인가, 쉬운 산행을 선택할 것인가는 등산로 입구에서 결정할 것.

"수고가 많으십니다."

자재암 코스에서는 유독 이런 인사말이 빈번히 오간다. 오고 가는 사람들이 서로 지나치며 주고받는다. 나도 처음 보는 사람들에게서 인사를 받았다. '나는 언제쯤이면 저런 인사를 아무렇지도 않게 건넬 수 있을까' 하는 생각도 들었다.

칼바위를 앞에 두고 살짝 고민에 빠졌다. 칼바위는 정말이지 칼처럼 뾰족해서 보기만 해도 마음이 쿵쾅거렸다. 돌아서서 가려는데 뒤따라온 아주머니들이 같이 가자며 나를 붙잡았다. 같이 가자는 아주머니들의 제안을 뿌리칠 수 없어 함께 칼바위에 올랐다. 아주머니들은 사소한 이야기에도 크게 웃었다. 유쾌한 아주머니들 덕분에 무서운 칼바위를 힘든 줄 모르고 통과했다.

이날, 소중한 사실 하나를 새삼 깨달았다. 힘든 과정도 함께 하면 덜 힘들고 외롭다는 것을. 소요산에서 우연히 만난 사람들과 그들이 건넨 인사는 소요산을 더욱 아름답게 기억하게 만들었다. 나는 지금도 소요산을 그리워한다. 내가 살고 싶은 곳이, 살면서 만났으면 하는 사람들이 다 거기에 있다.

산에는
두 종류의
사람이 있다.
자연에
반한 사람,
자연에
배운 사람.

추천코스 01

자재암 코스
경치가 좋은 코스

난이도	(상) 중 하
거리	약 6.5km
소요 시간	2시간 50분
탐방 코스	관리사무소 → 전망대 → 자재암 → 하백운대 → 칼바위능선 → 자재암 → 관리사무소

전망대가 있고 유서 깊은 사찰 자재암이 있어 소요산에서도 꽤 인기 있는 코스다. 자재암에는 아름다운 폭포와 약수터가 있다. 작은 커피 자판기도 있어 한숨 돌릴 수 있다. 자재암에서 상백운대까지만 올라도 충분히 운동한 기분이 든다.

관리사무소에서 자재암까지는 거의 평지라 걷기에 좋다. 자재암부터 하백운대까지는 가파르고 거친 오르막길이 계속된다. 하백운대부터 상백운대 정상까지는 그런대로 무난하지만 상백운대 정상을 지나면 무섭고 위험한 길이 기다리고 있으니 각오하자. 가급적이면 왔던 길을 되돌아가는 것이 좋다. 칼바위능선은 생각보다 긴 데다 위험하다. 칼바위에서 선녀탕 입구까지는 내리막 돌길이어서 무난하지만 자재암 가까이에 짧지만 힘든 길이 기다리고 있다.

🚗 찾아가는 길

지하철 1호선 소요산역에서 내려 출구로 나와 길을 건넌 후 오른편으로 걸으면, 왼편에 소요맛거리가 보인다. 소요 맛 거리를 통과한 후 조금만 걸으면 소요산 입구가 나오고 속리교를 지나 왼편으로 가면 자재암을 만날 수 있다.

🚻 화장실

소요산 관리사무소에서 일주문까지는 몇 곳이 있다. 소요산에는 크고 깨끗한 화장실이 비교적 많은 편인데 원효대에서 자재암까지 가는 길에도 두 곳이 있다. 하지만 자재암을 지나면 없다.

🍴 음식점 또는 부대시설

소요 맛 거리에서는 따끈한 국밥을 맛볼 수 있다. '황우마을'에서는 점심시간에 우거지해장국을 선보이는데 얼큰한 맛이 일품이다. '황우마을' 앞에는 순대국밥을 판매하는 곳도 있다. 지하철역에서 소요 맛 거리까지는 편의점도 몇 곳 있다.

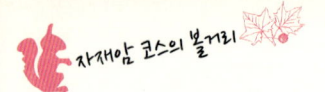
자재암 코스의 볼거리

문 위에 있는 종에서는 청아한 소리가 난다.

STEP 01
해탈문 {불교의 가르침을 형상화한 문}

먼저 108계단을 밟아야 해탈문에 이를 수 있다. 해탈문은 백팔번뇌와 불교의 가르침을 형상화한 문이다. 해탈문을 통해 세속의 백팔번뇌에서 벗어나 해탈의 경지에 오르기를 바라는 염원이 담겨 있다. 해탈문을 통과하면 나옹선사의 선시가 빈 몸과 마음을 가득 채워준다.

청산은 나를 보고 말 없이 살라 하고
창공은 나를 보고 티 없이 살라 하네.
탐욕도 벗어 놓고 성냄도 벗어 놓고
물 같이 바람 같이 살다가 가라 하네.

해탈문에 새겨진 연꽃

228 소요산

STEP 02
자재암 { 원효대사가 창건한 사찰 }

원효대사가 요석공주와 인연이 닿은 후 오로지 수행에 전념하기 위해 자재암에 머물고 있을 때였다. 비가 내리는 어느 날 밤, 약초를 캐다가 길을 잃은 한 여인이 원효대사에게 하룻밤 쉬어 가기를 청했다. 원효대사는 여인에게, '마음이 생한 즉 옳고 그르고, 크고 작고, 깨끗하고 더럽고, 있고 없는 가지가지 모든 법이 생기는 것이요, 마음이 멸한 즉 상대적 시비에 가지가지 법이 없어지는 것이니, 나 원효에게는 자재무애의 참된 수행의 힘이 있노라.' 하는 법문을 말했다. 이에 여인은 미소를 지으며 유유히 사라졌고 이후 원효대사는 여인이 관세음보살의 화현임을 알게 되었다. 관세음보살을 친견하고 자재무애의 수행을 쌓았다는 뜻에서 정사의 이름을 자재암이라 했다고 한다. 향토유적 제8호로 지정되어 있는 자재암은 신라 선덕여왕 14년(645) 원효대사가 창건한 유서 깊은 사찰이다. 순종 원년(1907) 정미의병 때는 의병 활동의 근거지로 이용되었던 탓에 일본군의 공격을 받아 불타 없어지는 수난을 겪기도 했다. 자재암 안에는 보물 제1211호인 '반야바라밀다심경약소'도 보관되어 있다.

오랜 세월이 느껴지는 문

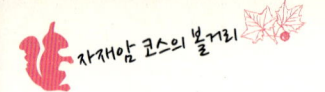

STEP 03
원효샘 { 전국에서 손꼽히는 명수 }

아직도 물이 흐르고 있는 원효샘

자재암 안에 있는 샘으로 지금도 물이 나와 사람들의 갈증에 촉촉한 단비 역할을 하고 있다. 전국 곳곳에 헤아릴 수 없을 만큼 많은 절을 창건한 원효대사는 차의 달인이었다. 신비하게도 원효대사가 자리를 잡은 절터에는 반드시 약수가 나오며, 그것도 찻물로는 으뜸인 석간수가 솟아올랐다고 한다. 그중 1,300여 년 전 수행하였던 소요산 자재암의 원효샘 석간수는 찻물로는 전국에서 손꼽히는 명수로 이름나 있다. 물맛이 좋아 신라시대와 고려시대는 물론 조선 중기까지도 시인과 묵객의 발길이 끊이지 않았다고 하는데, 특히 고려시대 시인인 백운 이규보는 이 물맛을 '젖처럼 맛있는 차가운 물'이라고 감탄해 마지않았다. 전국적으로 유명한 차 문화의 유적지가 된 원효샘 양 옆에는 천연 암굴인 나한전과 우물처럼 깊이 파인 협곡으로 쏟아지는 물줄기가 눈길을 끄는 옥류폭포가 있다.

TIP
원효샘 앞에 길고 가파른 돌계단이 보인다. 이 돌계단을 따라 올라가면 백운대를 만날 수 있다.

STEP 04
백운대 { 태조 이성계가 자주 오른 곳 }

고려 말기의 고승 태고 보우선사는 '백운암의 노래'라는 시를 통해 백운대의 뛰어난 절경을 노래하였다.

'소요산 위의 흰 구름은 떠오른 달과 함께 노닌다.
맑은 바람 불어오니 상쾌하여라. 기묘한 경치 더욱 좋구나.'

매월당 김시습도 소요산 백운대에서 절경에 취해 노래하였다.

'길 따라 계곡에 드니 봉우리마다 노을이 곱다.
험준한 산봉우리 둘러섰는데, 한줄기 계곡물이 맑고 시리다.'

조선을 개국한 태조 이성계도 백운대를 즐겨 찾았다. 왕자의 난으로 실각한 이후 소요산 아래에 행궁을 짓고 머물던 태조는 백운대에 자주 올랐다. 마음을 달래고 경치를 즐기던 태조는 시를 짓기도 하였다. 그가 백운대에 올라 지은 시 '등백운봉(登白雲峯)'에는 태조의 야망이 내포되어 있다.

'넝쿨을 휘어잡으며 푸른 봉우리에 오르니,
흰 구름 가운데 암자 하나 놓였네.
내 나라 산천이 눈 아래 펼쳐지고,
중국땅 강남조차 보일 듯하이.'

소나무가
아름다운 이유는
언제나 푸르기
때문이다.

공주봉 코스
자재암 코스보다 쉬운 길

난이도	상 중 하
거리	약 2.8 km
소요 시간	편도 1시간(왕복 2시간)
탐방 코스	관리사무소 → 일주문 → 구절터 → 공주봉

관리사무소에서 구절터까지의 길은 무난하다. 구절터에서 공주봉 8부 능선까지는 거친 돌길로 된 오르막길이다. 하지만 공주봉 8부 능선에서 공주봉까지는 길이 쉽다. 오르막이지만 가파르지 않아 걷기에 좋다.

이름은 공주봉이지만 자재암 코스보다 덜 예쁘다. 하지만 자재암 코스보다는 쉽다. 구절터에서 공주봉에 오르는 길 왼편에는 의상대가 보인다. 크게 볼거리가 있는 것은 아니지만 곳곳에 옛이야기를 담고 있는 구절터와 공주봉이 있어 등산의 즐거움이 배가 된다.

🚗 찾아가는 길

지하철 1호선 소요산역에서 내려 출구로 나와 길을 건넌 후 오른편으로 걸으면 왼편에 소요맛거리가 보인다. 소요 맛 거리를 통과한 후 조금만 걸으면 소요산 입구가 보인다. 속리교를 지나 오른편으로 가면 공주봉 코스를 만날 수 있다.

🚻 화장실

소요산 관리사무소에서 일주문까지는 화장실이 몇 곳 있지만 속리교를 지나면 없으니 기억해두자.

🍴 음식점 또는 부대시설

지하철 1호선 소요산역에서 내려 출구로 나와 길을 건넌 후 왼편으로 조금만 걸으면 분식을 판매하는 김밥과 돈가스집이 보인다. 순두부찌개, 참치찌개, 제육덮밥, 돌솥비빔밥, 카레덮밥, 김밥, 오므라이스, 떡볶이 만두, 국수, 우동 등 메뉴가 다양하며 저렴하고 맛도 좋다. 근처에는 짜장면집과 해장국집 외에도 지하철역 입구에는 어묵과 커피를 판매하는 곳이 있다.

공주봉 코스의 볼거리

사람들의 눈길과
발길을 붙잡는
폭포

STEP 01

원효폭포 { 작지만 아름다운 폭포 }

일주문을 지나면 좌측으로 아담한 폭포가 보인다. 원효대사가
원효대에서 고행 수도를 하던 중 자주 내려와 휴식을 취하던 곳으로,
폭포 옆에는 작은 동굴이 있어 신비로워 보인다. 이런 아름다운 계곡이
있어 소요산은 '경기의 금강산'이라는 감투까지 얻을 수 있었다.
동굴이 있는 바위 위는 원효대로 불린다. 원효대에는 소요산에서
수도 하던 원효대사가 모든 것을 체념하고 자살을 하려고 절벽으로
뛰어내리려는 순간 문득 도를 깨우쳤다는 이야기가 전해 내려온다.
원효폭포에 가기 전 우측에는 속리교가 있다. 속리교를 중심으로 원편은
자재암 코스이고 오른편은 공주봉 코스다. 대리석 교량인 속리교는
속세와의 인연을 끊는다는 의미를 지니고 있다.

구절터에 외로이 서있는 나무

STEP 02
구절터 { 요석공주의 사랑이 전해지는 터 }

원효대사의 부인 요석공주는 신라 제29대 왕인 무열왕의 딸이다. 요석공주는 일찍이 홀로 된 몸으로 요석궁에 머물렀다. 이때 원효라는 스님이 노래를 부르며 전국을 떠돌아다녔다. '그 누가 자루 없는 도끼를 내게 빌려주겠는가? 나는 하늘을 떠받칠 기둥을 찍으리라'. 원효의 노래는 무열왕의 귀에까지 들어가게 되었다. 노래를 들은 무열왕은 '이 스님이 필경 귀부인을 얻어서 귀한 아들을 낳고자 하는구나. 나라에 큰 현인이 있으면 이보다 더 좋은 일이 없을 것이다'.라며 요석공주와 짝을 이루게 하였다. 요석공주와 원효대사 사이에서 설총이 태어났는데, 이후 원효는 파계승이 되어 전국 곳곳을 돌아다니던 중 소요산 원효대에 정착하여 수행에 전념하였다. 요석공주는 원효를 사모하는 마음에 아들 설총을 데리고 와 소요산 아래에 조그만 별궁을 짓고 살면서 아침저녁으로 원효가 수도하는 원효대를 향해 예배를 올렸다고 한다. 구절터는 이런 원효대사와 요석공주의 고귀한 사랑을 확인시켜 주고 있다.

STEP 03
공주봉 { 원효대사가 이름 지은 봉우리 }

원효대사가 요석공주를 두고 이름을 지었다는 공주봉은 소요산 일주문에 들어서서 우측 능선으로 오르면 첫 번째로 만나는 봉우리다. 높이는 526m이며 공주봉을 지나면 소요산의 최고봉인 의상대와 만난다. 매월당 김시습 또한 소요산을 자주 거닐었다고 한다. 그만큼 이 산은 경관이 빼어나고 휴양하기에 좋다. 공주봉 정상은 마당처럼 넓어 앉아서 쉬기에 좋다. 하지만 공주봉은 급경사 암석 지역이 많아 지형이 험준하고 미끄러워 추락 및 낙석 위험이 높으니, 지정된 등산로를 벗어나는 위험한 행동은 삼가야 한다.

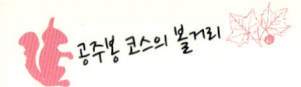 공주봉 코스의 볼거리

공주봉 정상은 쉬기에
좋지만 위험하기도 하다.

원효대사와
요석공주의 고귀한
사랑의 흔적, 구절터

Theme Road

주변의 둘러볼 곳

한국전쟁을 기리기 위한 곳
자유수호평화박물관

자유수호평화박물관은 한국전쟁의 참상과 나라를 위해 희생한 국군과 유엔군의 고귀한 정신을 기리기 위해 세워졌다. 맥아더 장군을 비롯하여 한국전쟁에 참여한 국군, 유엔군에 대한 기록은 안보에 대한 중요성을 다시 한 번 일깨워준다.
1층 전시장에는 해방부터 한국전쟁 이후까지의 시대적 사건을 12개의 도자기 부조로 표현해 놓았다. 2층 전시관에는 한국전쟁 당시 벌어졌던 전투를 지역별 또는 국가별로 검색할 수 있으며 21개 참전국에 대한 정보를 볼 수도 있다. 3층 전시장에서는 인천상륙작전 및 포로수용소 영상과 동두천의 과거와 현재의 모습도 엿볼 수 있다.

이용 요금	성인 1,000원, 청소년·군인 500원
관람 시간	오전 9시~오후 6시, 매주 월요일, 1월 1일, 명절 휴관
홈페이지	www.ddc21.net/museum
찾아가는 길	지하철 1호선 소요산역에서 도보 5분

경기도 군포시

수리산

수리산은 주봉인 태을봉(489m)과 슬기봉(474.8m) 그리고 관모봉(426.2m)으로 이루어져 있다. 울창한 송림과 갖가지 수목을 등산하는 내내 볼 수 있다. 등산로는 흙을 충분히 밟게끔 되어 있어 흙의 기운을 느끼고 싶은 사람에게 안성맞춤이다. 산 안에 특별히 볼거리가 넘치는 것은 아니지만 자연 그대로의 모습이 산행에 만족감을 선사한다.

> 그날, 수리산에서 꾸미지 않은 자연을 보았다.
> 화장하지 않은 흙길을 보았다.
> 도심에서는 맡을 수 없는 공기를 느꼈다.

　수리산을 다녀온 후 나는 한동안 수리산앓이에 몸살이 났다. 다시 보고 싶어 참을 수가 없었다. 수리산은 등산로 입구부터 사람을 사로잡는 무언가가 있다. 입구에 조성되어 있는 산림욕장에 들어서면 숲 향기가 풍겨난다. 책상 위에 두고 매일 맡았으면 하는 향이다. 자연과 사람이 가까워지려면 만남 외에 달리 이렇다 할 방법이 없다. 자연은 움직일 수 없으니 내가 다가가야 한다. 그렇지 않으면 자연에서는 아무것도 얻을 수 없다.

　마음이 괜히 울적해질 때면 숲에서 맡았던 향기가 나를 부른다. 집에서 제법 먼 곳에 위치해 있음에도 나는 주저 없이 지하철을 탄다. 느릿한 걸음으로 수리산을 오르는데, 유치원에 다닐 법한 어린아이가 내 앞을 가로질러 지나갔다. 할아버지와 할머니 손에 끌려 온 아이는 오르막길도 씩씩하게 올랐다. 어른들이 잘 한다 잘 한다 하니 더 신이 난 모양이다. 어린 나이에는 산에 오르는 아이를 볼 때마다 솟아나는 부러움을 감출 수 없다. 도시에서 태어나고 자란 나에게는 산을 가까이 할 시간이 많이 없었다. 산이라고 해 봐야 일 년에 한두 번 소풍 가서 보는 게 다였다. 그것도 나중에는 소풍 장소가 산에서 놀이공원으로 바뀌고 말았으니 어찌 하리오.

　지금도 그렇지만 그때도 나는 단체 생활을 지독히 싫어했다. 단체로 줄 서서 올라가 단체로 도시락을 꺼내 먹고, 단체로 박수를 치며 노래를 부르는 행위는 도무지 적응이 되지 않았다. 때문에 산은 그 후로 오랫동안 나에게 안 좋은 기억으로 남아 있었다. 짜증나고 귀찮은 곳, 그 이상도 이하도 아니었다. 나는 산을 늦게 배웠다. 어렸을 때 좀 더 재미있고 신나게 산을 경험했다면 내 인생이 지금보다는 더 행복해지지 않았을까, 하는 생각을 해본다. 그래도 뭐 괜찮다. 늦게나마 산이 주는 '어떤 힘'을 피부로 느끼고 알게 되었으니까.
　수리산의 흙은 유난히 노랗다. 주황색으로 보이기도 한다. 그 황토 빛이 좋아 길을 가다가도 문득 발걸음을 멈춘다. 수리산은 고맙게도 흙을 밟고 올라가게 되어 있다. 때문에 걸으면 걸을수록 흙의 기운이 몸 안에 파고든다.
　행복한 인생을 누리려는 사람은 먼저 사랑하고 베풀고, 감사하고 용서하는 법을 배워야 한다. 그런데 산은 이 모든 것을 아무런 말없이, 대가 없이 가르쳐준다. 숲을 거닐다보면 몸은 물론 마음까지 변하는 내 자신을 발견하게 된다.

인생에서
산을 만난
사람들은 안다.
세상은
살 만한
곳이라는 것을.

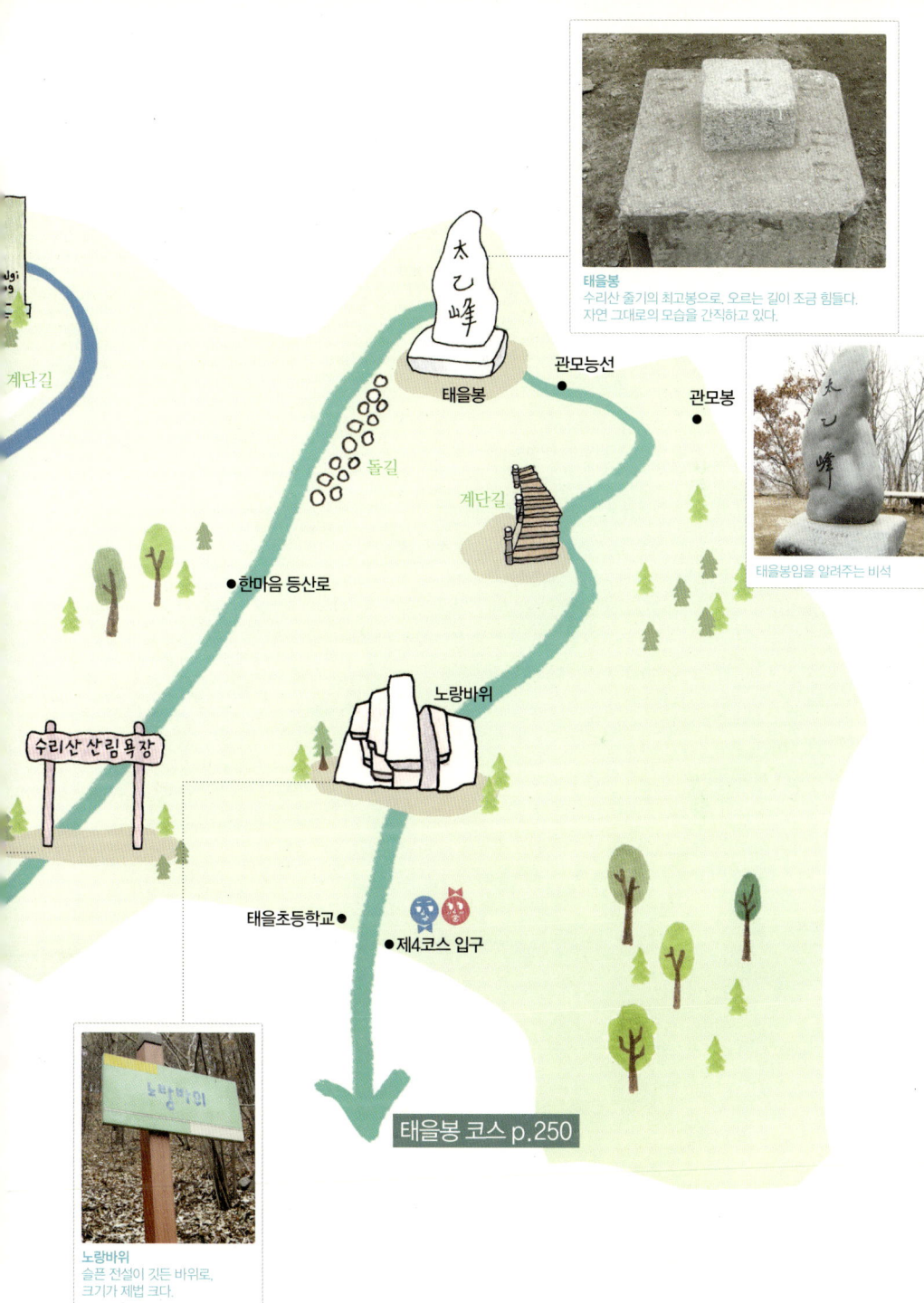

태을봉
수리산 줄기의 최고봉으로, 오르는 길이 조금 힘들다. 자연 그대로의 모습을 간직하고 있다.

태을봉임을 알려주는 비석

노랑바위
슬픈 전설이 깃든 바위로, 크기가 제법 크다.

슬기봉 코스
흙의 이로움이 전해지는 길

추천코스 01

태을봉 코스보다는 쉽지만 그렇다고 만만한 것만도 아니다. 이 코스의 매력은 흙에 있다. 임도오거리에서 슬기봉까지는 흙의 기운이 제대로 느껴진다. 색깔도 짙은 황토빛이다. 등산로 중간에 전망대가 있어 경치를 감상하기에도 좋고 여자들이 좋아할 만한 길이다.

난이도	상 ⓒ중 하
거리	약 3.4km
소요 시간	1시간 35분
탐방 코스	관리사무소 → 용진사 → 임도오거리 → 슬기봉 → 만남의 광장 → 관리사무소

관리사무소에서 팔각정까지는 그런대로 무난하지만 슬기봉과 가까워질수록 길이 가파르다. 오르막길은 흙길로 되어 있는데 거친 느낌이다. 슬기봉에서 만남의 광장까지는 내리막길이라 가파르게 보이지만 계단으로 조성되어 있어 막상 힘들거나 무섭지는 않다.

246 수리산

🚗 찾아가는 길
지하철 4호선 산본역 3번 출구로 나와 왼편으로 보면 버스 정류장이 보인다. 이곳에서 2번, 3-1번, 15번을 탄 후 중앙도서관 앞에서 하차한다. 4번 출구 방향에서 왼편을 보면 버스 정류장이 있다. 혹시 모르니 중앙도서관에 가는지 확인하고 탑승하자.

🚻 화장실
등산로 입구인 관리사무소 주변에 화장실이 있다. 이곳을 지나 슬기봉까지는 화장실을 찾기 어려우니 미리 해결하고 출발하자.

🍴 음식점 또는 부대시설
지하철 4호선 산본역 3번 출구로 나와 왼편을 보면 버스 정류장 쪽에 '공씨네 주먹밥(경기도 군포시 산본동 1142-5 금화프라자 106호)'이 있다. 주먹밥과 우동 등을 판매하며 포장도 가능하다. 가격에 비해 맛이 괜찮은 편이다.

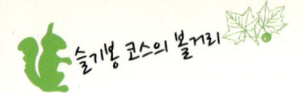
슬기봉 코스의 볼거리

STEP 01
한남정맥 군포시 구간
{ 한반도 13정맥 중 하나 }

슬기봉에서 구례고개까지는 한남정맥 군포시 구간이다. 슬기봉 코스에서 만날 수 있는 임도 오거리도 한남정맥 군포시 구간에 해당한다. 한반도의 13정맥 중 하나인 한남정맥은 충북 속리산에서 시작하여 경기도 안성시 칠현산을 거쳐 김포시의 문수산에 이르는 산줄기다.
한남정맥은 서북부 지역 '수도권 핵심 녹지축'이다. 경기도 죽산의 칠현산으로부터 서북쪽으로 돌아 안성, 용인, 안산, 인천을 거쳐 김포의 북성산에서 멈춘 한강 남쪽의 산줄기를 일컫는다. 우리나라에는 한남정맥 외에도 한북정맥, 낙동정맥, 해서정맥, 낙남정맥, 금북정맥 등 많은 산줄기가 있다.

양쪽이 전부 나무숲인 수리산 등산로

산림욕장으로 이루어져 있는 수리산 등산로 입구

"시"가 있는 숲

시가 있어 등산이 지루하게 느껴지지 않는다.

STEP. 02

시가 있는 숲 { 나무가 우거진 산림욕장 }

슬기봉 코스 등산로 입구에는 시가 함께 하는 숲이 있다. 숲을 장식하고 있는 시들은 등단한 시인들의 작품이다.

  아, 청춘시절은 아름다웠었지요.
   그 무렵은 정말 좋았습니다.
  물론 죄와 슬픔도 은근히 내포하고 있었지요.
  그러나 그것은 틀림없이 행복한 세월이었습니다.

시가 있는 숲에 들어가면 헤르만 헤세의 소설 〈크눌프〉에 나오는 글귀가 떠오른다. 짧지만 아름다운 시간들은 이곳에서 느끼는 모든 것을 행복한 기억으로 남게 한다.

태을봉 코스
화장기 없는 수수한 분위기

추천코스 02

역시 서울과는 다르구나 하는 생각이 드는 코스다. 사람들이 주로 다니는 등산로도 사람의 손을 덜 탄 듯한 느낌이 든다. 특히 제3코스 입구에서 태을봉까지가 그렇다. 화장기 없는 수수한 얼굴을 대하는 기분이다. 주변이 숲으로 둘러싸여 있어 피부 미용에도 좋다.

난이도 상 중 하
거리 약 3.0km
소요 시간 편도 1시간 40분
탐방 코스 제3코스 입구 → 한마음 등산로 → 태을봉 → 관모능선 → 노랑바위 → 제4코스 입구

이 코스는 초입부터 거대한 산림욕장이 반긴다. 등산로는 계단 등으로 꾸며지지 않아 산길을 걷는 듯한 기분이 든다. 한마음 등산로에서 태을봉까지는 조금 힘든 오르막길이다. 이곳도 계단이나 돌로 꾸며지지 않아 조심히 걸어야 한다. 관모능선에서 제4코스 입구까지는 내리막길이다.

수리산 산림욕장

책 읽는 군포

철쭉도시 군포

🚗 찾아가는 길
지하철 4호선 산본역 4번 출구 쪽으로 나오면 왼편으로 버스 정류장이 있다. 계단을 따라 내려간 후 1번, 3번, 11-5번 등 남천병원·엘림복지원으로 향하는 버스를 탄다. 버스에서 내려 왼편으로 걸어가면 갈림길이 나오는데 이때 우측으로 방향을 바꾼다. 길을 건넌 후 조금 걷다가 GS25 편의점이 있는 왼편으로 진입한다. 이 길로 쭉 걸으면 등산로 입구가 보인다.

🚻 화장실
등산로 입구에서 목적지까지 화장실을 찾기 어렵다. 지하철역에서 미리 해결하고 출발하는 것이 좋다.

🍴 음식점 또는 부대시설
지하철 4호선 산본역 3번 출구는 산본 중심 상업 지역과 연결되어 있다. 주위는 빵집, 편의점, 만두집 등 맛집으로 가득하다. 특히 산본역은 킴스클럽과 뉴코아아울렛과도 연결되어 있다.

태을봉 코스의 볼거리

STEP 01

산림욕장 {피톤치드를 흠뻑 마실 수 있는 숲}

수목은 스스로를 보호하기 위하여 방향성 물질인 테르펜을 발산한다. 테르펜에는 우리에게 익숙한 피톤치드가 함유되어 있다. 피톤치드는 살균력이 강해 사람이 마시면 스트레스가 해소된다. 사람이 살아가는 데 필요한 산소의 양은 1일에 약 0.75kg이고 탄산가스의 배출량은 약 1kg이라고 한다. 산림 1ha에서 연간 12톤의 산소가 배출되는데, 이것은 45명이 1년간 호흡할 수 있는 양이다.

태을봉 코스 등산로 입구는 인간에게 이로운 산림욕장이다. 스트레스를 완화시켜주고 사람의 몸 안에 있는 곰팡이균은 물론 집진드기까지 없애주는 피톤치드가 내 몸 가득 들어오는 느낌이다. 삼림욕장은 자연 그대로의 숲속이다. 굳이 산 위로 올라가지 않아도 만족스럽다. 산림욕장 안에 들어서면 자연이 뿜어내는 탈취제에 온 몸이 소독되어 맑게 정화되는 듯한 기분이든다.

웅장한 산림욕장은 수리산의 진정한 매력이다.

252 수리산

일출을 감상할 수 있는 태을봉 정상

STEP 02
태을봉 { 수리산 줄기의 최고봉 }

높이 489.2m의 태을봉은 수리산 줄기의 최고봉이다. 옛 기록에는 수리산의 옛 이름이 태을산으로 되어 있다. 과거에는 태을산이라는 독립된 산이었다. 태을(太乙)의 의미는 동양사상에서 우주의 본체 즉 천지만물의 출현 및 성립의 근원을 뜻한다. 또 풍수지리에서는 큰 독수리가 두 날개를 펼치고 날아 내리는 모습을 매우 귀한 지상으로 꼽는데 그런 현상을 천을봉, 태을봉이라 한다. 아름다운 일출을 감상할 수 있는 태을봉은 2004년 군포 1경으로 지정되었다.

주봉인 태을봉으로 오르는 길은 슬기봉이나 관모봉에 비해 조금 힘들다. 군포시는 서울과 비교해도 손색이 없을 정도로 발전된 도시지만 산은 아직 사람의 손을 덜 탄 모습을 간직하고 있다. 태을봉 역시 자연 그대로의 모습을 많이 간직하고 있어 더 반갑다.

STEP 03
노랑바위 { 슬픈 전설이 깃든 바위 }

태을봉과 관모봉 사이에 난 등산로를 따라 내려오다 보면 제법 큰 바위를 만나게 된다. 이 바위에는 전설이 전해지고 있다.

옛날 옛적에 어느 임금이 있었다. 임금은 40세가 넘어서도 왕자가 없어 고민하던 중 마침내 기골이 장대한 왕자를 얻게 되었다. 왕은 늦은 나이에 얻은 왕자를 끔찍이도 아꼈다. 왕자가 3살이 되던 해 전란이 일어나 궁궐을 떠나 강화도로 향하는 나룻배를 탔는데 폭풍우를 만나 배가 난파 위기에 놓였다. 그때 거북이 한 마리가 나타나 왕자를 태우고 육지로 나와 은신처를 찾던 중 관모봉 중턱에 이르렀다. 거북이의 등에 업혀 며칠을 굶은 왕자의 몰골은 말이 아니었다. 거북이는 왕자에게 줄 음식을 구하기 위해 마을로 내려갔다. 그런데 거북이의 뜻을 알지 못한 왕자는 혼자 마을로 간 거북이에게 분한 마음과 배신감을 갖게 되었다. 화가 난 왕자가 바위를 향해 힘껏 주먹을 내리쳤다. 순간 천지를 뒤흔드는 요란한 소리와 함께 바위가 무너지면서 왕자를 덮쳤다. 왕자는 노란 피를 흘리며 숨을 거두었고 마을로 내려간 거북이는 우박처럼 쏟아지는 바위에 깔려 죽었다. 그 후부터 이 바위를 노랑바위라 불렀다고 한다.

주변의 둘러볼 곳

물에 비친 산의 모습이 아름다운 곳

반월호수

군포 제1경인 태을봉에서 보는 일출은 여느 유명 화가의 그림 못지않다. 군포 제2경은 수리산 수리사다. 불심을 닦는 성스러운 절이라는 뜻을 가진 사찰로 신라 진흥왕 때 창건된 유서 깊은 사찰이다. 군포 제3경은 반월호수다. 호수 건너편에 있는 산등성이가 365일 내내 호수에 물그림자를 드리우고 있는 이곳은 아침, 점심, 저녁, 색다른 모습을 보여 아름답기 그지없다. 군포 제4경은 덕고개 당숲이다. 조선 중기의 문신 정재륜과 부연 숙정공주의 무덤 부근에 조성한 활엽수림이다. 수백 년 동안 마을을 수호해온 고목들은 지금도 신성한 기운을 풍긴다. 군포 제5경은 군포 벚꽃길이다. 지하철 금정역을 중심으로 펼쳐지는 벚꽃길은 짧지만 계절의 아름다움을 느끼기에 충분하다. 군포 제6경은 철쭉동산이다. 수리산 입구에 위치해 있는 이곳은 4월과 5월이면 바빠진다. 9만 그루의 만개한 철쭉꽃이 그야말로 장관을 이룬다. 군포 제7경은 밤바위다. 밤바위 산에 있는 바위로 군포 전체를 관망할 수 있다. 군포 제8경은 산본 중심 상업 지역이다. 지하철 산본역 일대에 있어 찾기도 쉬우며 야경이 아름답기로 유명하다. 밤이면 멋진 도시의 풍경을 제대로 감상할 수 있다.

특히 군포 제3경인 반월호수는 365일 변화무쌍한 아름다운 자태를 뽐낸다. 호수 건너편 자그마한 봉우리의 물그림자는 한 폭의 수묵화를 연상시킨다. 해 질 녘이면 고운 주홍빛

낙조의 황홀함을 품은 저녁노을 덕에 2004년 군포 제3경으로 지정되었다. 군포시 둔대동에 위치해 있는 이곳은 1957년에 준공되었다. 북서쪽에 있는 집예골, 샘골, 지방바위골의 물이 남동 방향인 반월호수로 흘러들고 있다. 지하철역에서 내려 걸어오는 것도 좋은 추억을 선물한다. 길 중간에는 벽화로 장식되어 있는 소박한 마을이 있고, 잔디 등으로 잘 꾸며진 반월호수에는 빨간 풍차도 있다.

반월호수 찾아가는 길

지하철 4호선 대야미역 1번 출구로 나와 우측으로 보면 반월호수로 가는 방향이 적힌 이정표가 보인다. 이정표를 따라 10분 정도 걸어가면 아름다운 벽화로 꾸며져 있는 죽암마을이 보인다. 죽암마을에서 20분 정도 더 걸어가면 왼편에 반월호수가 있다. 대야미역이나 죽암마을에는 반월호수로 가는 버스도 있다.

12

경기도 남양주시

수락산

노출된 암벽이 많은 수락산은 경기도 의정부시와 남양주시 별내면 경계에 자리하고 있다. 불암산과도 이어져 있지만 분위기는 사뭇 다르다. 다소 거친 느낌이 든다고 해야 할까. 계곡이 많아 여름철에 찾으면 시원함이 배가 된다. 영의정을 두 번이나 지낸 홍봉한의 맏딸 혜경궁 홍씨는 어린 시절 수락산 자락 아래 우우당에서 경치를 감상하며 서정성을 키운 덕분에 훗날 한중록과 같은 수려한 문장을 남길 수 있었지 않았나 싶다.

보면 마음 편해지는 사람이 있다.
보면 기분 좋아지는 사람이 있다.
보면 웃게 되는 사람이 있다.

문제는 세상 살면서 이런 사람 만나기가 쉽지 않다는 것이다. 하지만 산은 다르다. 편하게 웃고 싶고 기분 좋아지려면 가까이에 있는 산을 찾으면 된다. 수락산도 그중 하나다. 이유 없이 사람을 기분 좋게 만든다. 깨알 같은 재미는 없지만 은근하면서도 아기자기한 재미가 곳곳에 숨어 있다. 명성왕후가 숨어 지냈던 사찰과 1,300년의 역사를 자랑하는 사찰에서는 아름다운 여유가 무엇인지를 실감할 수 있다. 수락골 입구에서 시작하는 코스는 계곡이 함께해 시원함이 느껴진다.

나는 산을 오를 때 정상을 목표로 걷지 않는다. 자연이 뿜어내는 깨끗한 공기를 최대한 몸 안에 받아들이고, 여유로운 생각을 하고픈 것이 내가 산을 오르는 이유다. 한마디로 삼림욕이 산행의 목적이다. 그래서 몸 상태가 좋지 않을 때는 산 아래에서 쉬었다 오는 것만으로도 만족한다. 그런 면에서 수락산은 내게 어울리는 산이다. 수락산을 한 마디로 정의하자면 '꾸미지 않은 산'이다. 등산로 입구만 제외하고는 나무 계단도 거의 없다. 자연 그대로의 돌과 흙을 밟아야 한다. 천천히 걸으면 숲의 기운이 내 몸에 들어오는 듯한 기분이 든다.

학림사 코스는 난구간이 없어 여자가 걷기에 부담이 없다. 하지만 수락골 입구에서 시작하는 깔딱고개 코스는 조금 부담스럽다. 오르막길과 내리막길이 모두 돌로 되어 있어 조심해서

걸어야 한다. 그래서 '이 정도는 걸어줘야 등산하는 기분이 난다'고 느끼는 사람에게 알맞다. 깔딱고개는 힘들지만 이상하게 끌린다. 특히 내리막길에 들어서면 숲 속 한 가운데 들어온 듯한 기분이 든다. 그 흔한 나무 계단은 찾아볼 수 없다. 온전히 돌과 흙에 의지해야 한다. 사실, 나는 이 기분을 음미하고 싶어 가끔 수락산을 찾는다. 이 기분은 정확히 말하면 깊고 깊은 협곡에 들어와 있는 느낌이랄까. 날씨에 따라서는 으스스한 기분마저 든다.

살면서 이런 기분을 경험하는 것도 나쁘지 않다고 생각한다. 살다보면 좋지 않은 일을 겪기도 하고 모진 말을 들을 때도 있다. 산에서 느낀 고립감과 외로움은 삶에 적지 않은 도움을 준다. 세상 살면서 힘겨운 일을 만나더라도 덜 상처받고, 또 상처가 치유되게끔 도와준다. 더불어, 나도 완주했다. 나도 저 길을 통과했다는 성취감이 용기를 북돋워준다. 무슨 일이든 해낼 수 있다는 자신감이 마구 솟아난다.

'인생은 권투와 같아서, 고된 훈련을 받아야만 맞서 싸울 때 수월해지는 거야.'

월간지 〈GQ〉 이충걸 편집장의 트위터에 있던 글귀이다. 산은 훌륭한 스파링 파트너. 여자에게는 더욱 그렇다. 경험하지 못한, 하지만 언제 겪게 될지 모를 인생의 벽에 당당히 맞설 수 있게 해준다.

나는
사랑하는 사람들에게
산을 가르쳐준다.

용굴암
명성왕후가 숨어 지내던 사찰. 크기는 작지만 아름답고 고즈넉한 분위기가 인상적이다.

노강서원
흥선대원군의 서원 철폐 정책 당시 남은 서원 중 하나

수락산 전체 풍경 한눈에 보기

용굴암
학림사 갈림길
노원골 갈림길
깔딱고개
깔딱고개 코스 p.264
새광장(쉼터)
돌길
돌길
계곡
계곡
석림사
산림욕장
노강서원
궤산정
수락골 입구
출발
제2등산로
포장도로
서계 박세당 사랑채
장암역

서계 박세당 사랑채
조선 후기 실학자인 박세당이 저술 활동을 하던 건물이다. 산 아래 평화롭게 자리 잡고 있다.

학림사 코스 p.270

학림사의 코끼리 상

학림사
신라시대 원효대사가 창건한 사찰로, 학이 알을 품고 있는 형국을 하고 있다 하여 이름 붙여졌다. 코끼리 상을 꼭 볼 것

염불사
등산로 초입에 있는 사찰로, 조용하고 깨끗해 찾아온 이들의 마음을 차분하게 해준다.

추천 코스 01

깔딱고개 코스
다이어트, 그 이름을 정복하고 싶다면

난이도	(상) 중 하
거리	약 6.5km
소요 시간	3시간 40분
탐방 코스	수락골 입구 → 염불사 → 깔딱고개 → 석림사 → 박세당 사랑채

등산로 초입에 계곡이 있어 마음을 가다듬기에 좋다. 하지만 계곡을 벗어나면 만만치 않은 돌길이 나타난다. 길은 가면 갈수록 더 힘들어진다. 깔딱고개가 있어 더 힘들다. 땀이 절로 흐른다. 이런 길을 매일 걸으면 살이 쏘옥 빠질 것 같은 생각이 들 정도다.

염불사까지만 포장도로고 이후는 줄창 돌길이다. 오르막부터 내리막까지 크고 작은 돌을 밟고 걸어야 한다. 깔딱고개 구간은 가파르기까지 하다. 위험하지는 않지만 조심해서 걷도록 하자. 깔사거리를 지나 장암역으로 내려가는 길도 가파르니 천천히 조심해야 한다.

TIP 깔딱고개를 오르면 깔사거리가 나온다. 이때 장암역 방향으로 내려가면 된다. 이정표가 있으니 걱정할 필요는 없다. 한참을 내려가면 노강서원과 궤산정, 서계 박세당 사랑채가 나온다.

🚗 찾아가는 길
지하철 7호선 수락산역 1번 출구로 나와 5분 정도 걸으면 염불사와 수락골로 향하는 이정표가 나오고 이정표를 따라 조금만 올라가면 수락산 등산로 입구가 보인다. 수락산역에서 염불사까지는 도보로 10분 정도 소요된다.
서계 박세당 사랑채에서 도로 쪽으로 나와 길을 건너면 지하철 7호선 장암역이 보인다.

🚻 화장실
등산로 입구에서 염불사 사이에 화장실이 있고 수락교까지도 몇 곳 더 있지만 가급적이면 입구의 화장실을 이용하는 것이 좋다. 이곳 화장실이 제일 크고 깨끗하다. 숲속에 진입하면 화장실을 찾기 어렵다.

🍴 음식점 또는 부대시설
지하철 7호선 수락산역 1번 출구로 나오면 음식점이 많이 보인다. 편의점과 아웃도어 매장도 있다. 염불사와 수락골로 향하는 이정표가 있는 쪽에 자리한 '장독대 보리밥집(서울 노원구 상계동 1264 은빛 3단지 상가)'의 음식이 괜찮다. 된장찌개, 청국장 정식, 비빔밥, 순두부찌개 등을 판매한다.

깔딱고개 코스의 볼거리

STEP 01

염불사 { 차분하고 고즈넉한 분위기의 사찰 }

등산로 초입에 있는 염불사에는 1700년대 전남 지역에서 가장 활발하게 활약하였던 조각승 색난의 제자 혹은 후배인 특우 비구와 덕희 비구가 조각한 관음보살상이 있다. 현재 서울특별시 유형문화재 제250호 지정되어 있는 이 관음보살상은 조선 후기 1695년 전남 장흥 봉일암과 수도암에서 조성된 아미타삼존불상의 협시보살상이다. 염불사의 지장시왕도는 1869년 전라도 지역의 대표적 화승인 금암당 천여스님이 사후 세계의 교주인 지장보살을 그린 것으로, 묘사와 필선 등이 19세기를 대표할 만한 작품이라는 평가를 받고 있다. 지장시왕도는 서울특별시 유명문화재 제251호로 지정되어 있다. 염불사는 산 위쪽에 자리하고 있지 않음에도 고즈넉한 분위기를 풍긴다. 경내는 조용하고 깨끗해 찾아온 이들의 마음을 차분하게 만들어준다.

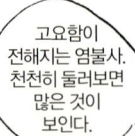
고요함이 전해지는 염불사. 천천히 둘러보면 많은 것이 보인다.

TIP

염불사 정문을 마주 본 상태에서 왼편을 보면 등산로가 보인다. 계곡을 끼고 걷는 길이라 눈에 띈다.

STEP 02
노강서원 { 서원 철폐 당시 남은 서원 }

경기도 기념물 제41호로 지정된 이 서원은 대원군의 서원 철폐 당시 남은 47개 서원 중 하나다. 조선 숙종 15년(1689) 인현왕후 폐출의 부당함을 죽음으로써 간언하였던 정재 박태보(1654~1689)의 뜻을 기리고, 지방 교육의 장으로 삼기 위해 숙종 21년 서울 노량진에 건립한 서원이다. 박태보는 서계 박세당의 둘째 아들로 숙종 3년(1677) 문과에 장원급제한 후 관직에 나아간 뒤 숙종 15년 인현왕후 민씨의 폐위를 반대하다가 진도로 유배 가던 중 노량진에서 36세의 나이로 세상을 떠났다. 숙종 20년에 모든 죄를 사면받았는데 그의 충절과 학문을 높이 평가하여 영의정의 벼슬과 문열의 시호가 내려졌다. 노량진 노강서원은 한국전쟁으로 소실되었고 1969년 의정부시 장암동으로 옮기면서 매월당 김시습의 영정을 봉안했던 청절사 터에 다시 지은 것으로 맞배지붕의 사당과 동재, 서재가 있다.

노강서원임을 알려주는 표지석

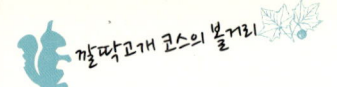
깔딱고개 코스의 볼거리

너무 낡아 그냥 지나칠 뻔했던 궤산정

STEP.03

궤산정 { 박세당이 제자들을 가르치던 곳 }

궤산정은 노강서원을 지나 박세당 사랑채로 걸어오다 보면 만날 수 있다. 그 모습이 너무 낡아 마치 버려진 것처럼 보이는 이 정자는 조선 숙종 때 실학파의 선구자 서계 박세당이 제자들을 가르치던 계당의 일부로서 17세기에 건립된 것이다. 〈사변록〉 등의 저서를 남긴 박세당은 제자들에게 아홉길 높이의 산을 만드는 데 흙 한 삼태기가 모자라 쌓은 공이 헛되이 되는 일이 없도록 하라는 뜻의 교훈을 주기 위해 이 정자의 이름을 '궤산정'이라 이름 지었다고 한다. 정자 아래쪽 바위에 음각된 석천동 서계유거 취승대는 박세당 선생의 친필이다. 서계유거란 서계가 한적하게 산다는 뜻이고 취승대는 경치가 좋은 곳이란 뜻이다. 궤산정 앞에는 서계 박세당 선생이 제자들과 함께 강론하던 장소인 청풍정유지가 있다.

산 아래 자리잡은 서계 박세당 사랑채

STEP 04
서계 박세당 사랑채 { 박세당이 저술 활동을 하던 건물 }

넓은 마당을 자랑하는 이곳은 경기도 문화재 자료 제93호로 지정되어 있다. 조선 후기의 실학자 서계 박세당(1629~1703)은 관직에서 물러난 후 이곳에서 후학을 양성하고 학문 연구와 집필에 매진하였다. 박세당은 조선 현종 1년(1660) 과거에 급제하여 내외 관직을 두루 거쳤으며 현종 9년 서장관으로 청나라에 다녀오기도 했다. 그 후 관직에서 물러나 이곳에서 농사를 지으며 저술과 제자 양성에 힘썼다. 박세당은 자신의 스승인 김시습을 추모하기 위하여 충렬사를 짓기도 하였는데 김시습 또한 박세당과 마찬가지로 수락산 자락에서 생활하였다. 김시습은 조선 초기의 학자이자 문인으로, 3세가 되던 해에 글을 지을 정도로 천재였다. 과거 준비로 공부를 하던 중 수양대군이 단종을 몰아내고 왕이 되었다는 소식이 전해지자 스스로 머리를 깎고 승려가 되었다. 이후 전국을 떠돌아 다녔는데 수락산에서만 10년을 지냈다고 한다.

추천 코스 02

학림사 코스
명성왕후가 숨어 지낸 곳

난이도	상 ⓜ 하
거리	약 4.6km
소요 시간	2시간 15분
탐방 코스	당고개역 → 학림사 → 용굴암 → 보루군 → 마들역

수락산을 찾은 등산객들에게 은근히 사랑받는 코스다. 길이 위험하지 않은 데다 산행 시간이 길지도 짧지도 않기 때문이다. 난구간이 없어 여자가 걷기에 적당하다. 명성왕후가 숨어 지냈다는 용굴암도 한번 둘러보자.

당고개역에서 학림사까지는 포장도로다. 학림사를 지나 한참 걷다 보면 갈림길이 보이는데, 여기서 화살표가 가리키는 오른편으로 걸어야 명성왕후가 숨어 지낸 용굴암을 만날 수 있다. 길은 그리 험하지 않다. 수락산 보루부터는 내리막길인데 계단으로 되어 있어 걷기에 편하다.

🚗 찾아가는 길
지하철 4호선 당고개역 1번 출구로 나와 왼편으로 조금 걸으면 상계로 39길이 나온다. 39길 진입 후 조금 더 걷다가 길이 갈리는 지점에서 오른편으로 방향을 바꾼 후 다시 왼편 길로 발걸음을 옮긴다. 아파트 사이로 보이는 등산로로 진입하면 학림사 이정표가 많기 때문에 길 찾기에 어려움이 없다.

🚻 화장실
당고개역에서 학림사 사이에 간이 화장실이 있다. 염불사 주변에도 화장실이 있는데 염불사를 지나 지하철 7호선 마들역까지는 화장실을 찾기 어렵다.

🍽 음식점 또는 부대시설
지하철 4호선 당고개역 1번 출구로 나오면 커피숍이 있고 토스트와 커피 등을 판매하는 포장마차도 있다. 이곳에서 판매하는 토스트는 꽤 맛있는 편이다. 상계로 39길에 진입하면 왼편에 '엄마손칼국수' 집이 있는데 꽤 유명한 맛집이다. 이곳을 지나면 음식점, 매점, 자판기 등이 없으니 참고하도록 하자.

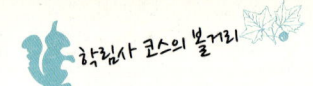 학림사 코스의 볼거리

STEP 01
학림사 { 학이 알을 품은 모습을 한 사찰 }

신라 문무왕 671년에 원효대사가 창건한 사찰인 학림사는 나한도량으로 유명하다. 마치 학이 알을 품고 있는 학지포란(鶴之抱卵)의 형국을 하고 있어 학림사라 명명되었다고 한다. 조선 초기에 봉안한 약사여래불이 모셔져 있어 이곳에서 기도를 봉행하면 모든 소원이 성취된다는 영험한 도량으로 알려져 있다. 조선 선조 30년(1597) 정유병화로 소실되었던 것을 인조 2년(1624) 무공화상이 중수하였고 이후에도 여러 차례에 걸쳐 보수가 이루어졌지만 현재 주석하고 있는 도원, 덕오 두 스님이 일신중수불사를 이룩하였다. 포장도로를 따라 올라오다 보면 제일 먼저 약사전을 만날 수 있다. 이곳은 동방 유리광 세계의 교주인 약사여래부처님을 본존으로 모신 법당이다. 약사여래부처님은 '위덕이 높아서 중생들을 모두 깨우칠 수 있게 하리라' 등의 12대 원을 세웠다고 전해진다.

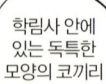 학림사 안에 있는 독특한 모양의 코끼리

작지만 기억에 남는 사찰이다.

STEP 02
용굴암 { 명성왕후의 은신처 }

용굴암은 명성왕후가 숨어 지내던 곳으로도 유명한데, 사찰은 고종 15년(1878)에 창건되었다. 수행납자 스님들이 자연 동굴 나한전에 십육나한 불상을 모시고 기도 정진을 하는 자그마한 토굴로 이어져왔다. 그러다가 구한말 고종 19년(1882) 임오년에 대원군 섭정으로 밀려난 명성왕후가 잠깐 숨어 지낼 당시 칠일기도 치성을 드리고 나서 다시 집정을 하게 되자, 그 공덕을 기리기 위해 조정에서 하사한 하사금으로 현재 대웅전 자리에 법당을 지었다고 전해진다. 용굴암은 작은 사찰이지만 분위기는 뛰어나다. 평지가 아니기에 사찰을 둘러보려면 조금의 수고가 필요하지만 사찰의 아름답고 고즈넉한 분위기는 그런 수고쯤은 잊게 만든다.

TIP 용굴암을 마주 본 상태에서 왼편으로 보면 계단이 보이고 종이 보인다. 수락산 정상으로 가는 길이라 적힌 작은 이정표도 있다. 길을 따라 올라간 후 능선 같은 길이 나오면 왼편으로 걷는다. 노원골/귀임봉 방향으로 걸으면 된다.

STEP 03
수락산 보루 { 아차산 보루군 중 하나 }

사적 제455호로 지정된 이 보루는 아차산 보루군 중 하나다. 군사적 방어 시설의 일종으로 사용되었던 이 보루에서 출토된 유물이나 축성 방법으로 미루어 볼 때 삼국시대의 유적임을 알 수 있다. 고구려가 5세기 후반 한강 유역에 진입한 후 551년 신라와 백제에 의해 한강 유역을 상실하기 전까지 한강 유역을 중심으로 전개된 삼국의 역사상을 밝혀줄 수 있는 중요한 유적이다.
특히 수락산 보루 아래쪽에는 여러 개의 등산로가 있다. 수락산 정상, 마들역, 온곡초등학교로 들어갈 수 있는 길이 있으니 등산로를 선택할 때 참고하도록 하자.

TIP 수락산 보루(아래) 길에서 마들역을 선택하는 것이 좋다. 마들역 길은 계단으로 되어 있어 걷기에 편하다. 수락산 보루를 마주한 상태에서 왼편으로 깊숙이 보면 내리막을 향하고 있는 계단이 보인다.

13

경기도 광주시

남한산성

남한산성은 수백 년간 산성을 읍성으로 삼은 우리네 역사를 고스란히 보여준다. 고대 이래 중세까지 동양의 성곽 축성 발달사를 한눈에 볼 수 있다. 북한산성과 더불어 서울을 지키는 4대 요새 중 하나였던 남한산성은 청량산, 검단산, 망덕산 등 그리 높지 않은 산으로 이루어져 있어 걷기에 좋다. 남한산성 안에는 관아와 장고, 행궁 등 많은 문화재가 남아 있어 등산과 더불어 역사 공부도 할 수 있다.

*북한산성과 함께 수도 한양을 지키던
조선시대의 산성인 남한산성에서의 일이다*

사실, 남한산성은 '이건 산도 아니고 산책로도 아니여~.'라는 말이 절로 나오는 곳이었다. 산이라고 부르기에는 포장도로가 많았고 그렇다고 산책로라 부르기에는 높이와 넓이가 상당했다.

그런데 이곳에서 말로만 듣던 산짐승을 만났다. 내 몸보다 커 보이는 노루가 눈앞에서 빛의 속도로 지나쳐갔다. 천연기념물인 하늘다람쥐도 남한산성에 서식하고 있다는 말을 나중에서야 들었는데 생각보다 많은 동물이 남한산성에서 살고 있는 것 같았다.

더 재미있는 것은 남한산성에서 사는 개였다. 며칠 동안 남한산성을 찾았는데 그때마다 이 개를 보았다. 개는 볼 때마다 헉헉거리며 정상까지 올라오고 있었는데, 이 개는 절대로 등산객을 쳐다보지 않는다. 자세히 보면 인상까지 쓰고 있다. 힘드니까 말 시키지 말라고 이야기하는 것 같다. 어디 사는지는 모르겠지만 늘 비슷한 동선을 따라 움직였다. 남한산성은 말 그대로 산성을 따라 걷게 되어 있으므로 길을 잃어버릴 염려는 없다. 계단 형식으로 된 길은 걷기에도 좋아 아주머니들도 운동 삼아 많이 찾는다.

산성 말고는 볼거리가 없지 않냐고 생각한다면 오산이다. 산성에서는 정말 여러 가지가 보

인다. 계절에 따라 날씨에 따라 시간에 따라 보이는 풍경이 제각각이다. 남한산성에서 보이는 풍경은 사람들의 입에서 감탄사를 자아내게 한다. 세상의 아름다운 모든 것들이 남한산성 아래에 펼쳐져 있다고 해도 과언이 아니다. 남문 코스에서는 저 멀리 남태평양이 찍힌 엽서에서나 보던 새파랗고 드높은 하늘과 손에 잡힐 것 같은 구름을 보았고, 또 북문 코스에서는 끝없이 이어진 산성을 목격했다. 장경사 코스의 장경사신지옹성은 미지의 세계에 들어온 것 같은 착각을 불러일으켰다.

  남한산성에서 만나는 모든 것은 어느 하나 특별하지 않은 것이 없다. 또 그 어느 것도 똑같은 것이 없다. 그리고 그 특별한 것들은 집으로 돌아가는 길을 해피엔딩으로 마무리지어 준다. 남한산성을 걸으면서 산에도 신나는 것이 많다는 것을 새삼 깨닫게 되었다. 도심의 반복되는 일상에 지치고, 사람들에 시달리고, 노는 것에 싫증 났다면 한 번쯤 남한산성을 찾아보자. 남한산성은 걷는 만큼 보이고, 걷는 만큼 즐거워진다. 길이 깨끗하고 아름다워 여자가 걷기에도 안성맞춤이다.

싱싱한 자연은 고단한 마음에
에너지를 불어 넣어준다.

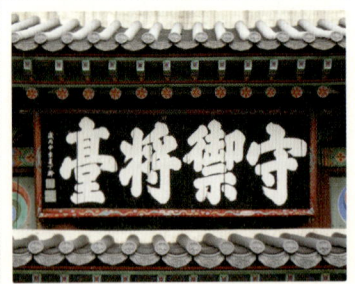

수어장대
군사의 목적으로 지은 장대로 성 안에 남은 건물 중 가장 화려하고 웅장하다. 그냥 지나치면 후회한다.

남한산성 전체 풍경 한눈에 보기

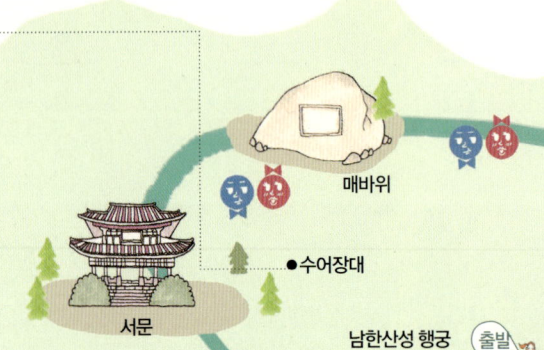

매바위
서문
●수어장대
●남한산성 행궁
출발
남문

북문 코스 p.288
남문 코스 p.282
●백련사

남한산성 유원지

남문
남한산성 4대문 중 가장 웅장한 중심문. 현재 성남으로 통하는 관문 역할을 한다.

북문
병자호란 때 기습 공격 시 사용하던 문

장경사 코스 p.292

장경사
승려들에 의해 지어진 사찰로, 창건 당시의 모습이 잘 보존되어 있다.

지수당
아름다운 연못에 둘러싸여 있는 정자로, 산책하는 기분으로 즐기기에 좋다.

재미있는 볼거리가 많은 장경사

추천 코스 01

남문 코스
예쁜 풍경이 펼쳐지는 곳

난이도	상 ⦿중 하
거리	약 4.7km
소요 시간	2시간 40분
탐방 코스	산성 로터리 → 남문 → 동암문 → 수문 → 지수당 → 산성 로터리 → 남문 → 유원지 입구

볼거리가 많은 코스다. 보이는 모든 것이 최고의 풍경이요, 문화재다. 북문 코스보다는 어렵고 장경사 코스보다는 쉽다. 빨리 걷기보다는 풍경을 감상하며 천천히 거닐어보자. 날씨에 따라 예쁜 구름을 볼 수 있어 여자들 마음을 설레게 해준다.

산성 로터리에서 남문을 지나 다시 산성 로터리로 돌아오는 길은 거의 평지와 내리막길로 이루어져 있다. 길은 어렵거나 무섭지 않다. 등산화를 신지 않아도 무방하다. 남문에서 유원지 입구까지는 내리막길이며 계단과 포장도로로 이루어져 있다.

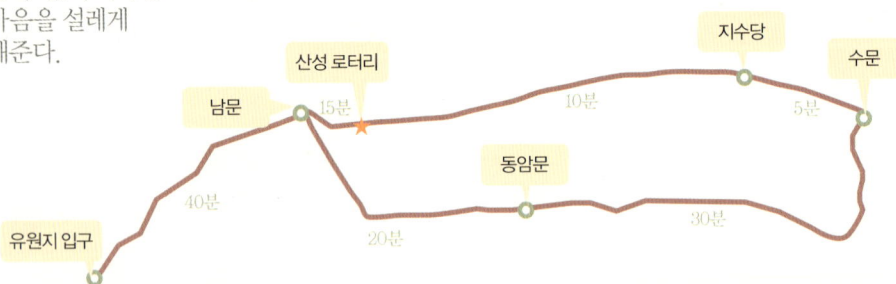

🚗 찾아가는 길
지하철 8호선 산성역 2번 출구로 나와 버스 정류장에서 9번 버스를 탄 후 남문 매표소 앞에서 내리면 되는데, 이때 방송에서 남문 매표소라는 안내 방송이 나와도 꼭 산성터널을 지난 후 내려야 한다. 버스에서 내려 오른편으로 걷다가 다시 왼편으로 걸으면 남문을 만날 수 있는 비석 숲이 나온다.

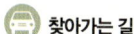 화장실
남문에 오기 전과 동문 쪽에 화장실이 있지만 그 중간에는 없다.

🍴 음식점 또는 부대시설
산성 로터리 또는 종로라고 불리는 사거리에는 음식점이 즐비한데 '먹어야 산다'에서 판매하는 국수가 특히 맛있다. 이곳에서는 순두부 백반, 손두부, 도토리묵도 판매한다. 또 지하철 산성역 2번 출구 주변에는 커피숍과 분식집이 있다.

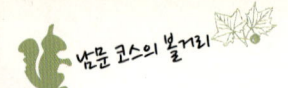 남문 코스의 볼거리

웅장하게 보이는 남문

STEP 01
남문 {성남으로 통하는 관문}

병자호란 당시 인조가 처음 남한산성으로 들어올 때 바로 이 문을 통해서 들어왔다고 한다. 인조는 이곳으로 피신하여 45일간 항전하였다. 하지만 왕자들이 피신해 있던 강화도가 함락되고 패색이 짙어지자 세자와 함께 성문을 열고 삼전도에 나가 치욕적인 항복을 하였다. 남문의 또 다른 이름은 지화문(至和門)이다. 정조 3년 성곽을 개보수할 때 지화문이라 칭했다. 남문은 남한산성에 있는 4대문 중 가장 웅장한 중심문이다. 현재는 성남으로 통하는 관문 역할을 하고 있는데, 때문에 사람들의 출입이 가장 빈번하다.

선조 때의 기록을 보면 동문, 남문, 수구문의 세 문을 수축하였다는 내용이 있는 것으로 보아 남문은 인조 2년(1624)에 수축되기 이전부터 있었던 것으로 짐작된다. 이후 1976년 문루를 복원하였고 2009년 정조의 글씨를 집자하여 전면에 현판을 설치하였다. 남문 앞에는 350년으로 추정되는 거대한 느티나무가 있다. 보호수로 지정되어 있는 이 느티나무는 성곽 사면의 토양이 유실되는 것을 방지하는 동시에 차폐 목적으로 식재된 것으로 추정된다.

TIP
남문을 지나 검단산 정상 방향으로 걸어야 동암문을 만날 수 있다. 10분 정도 걷다 보면 이제껏 보이던 성벽과 다른 빛을 지닌 성벽이 보인다. 조금 더 하얗고 새것 같다. 이때 왼편으로 보면 성벽으로 갈 수 있는 샛길이 보인다. 샛길을 따라 걸으면 남문 코스에 해당하는 제1남옹성이 보인다.

STEP 02
동암문 { 천주교인의 성지 순례지 }

암문은 일종의 비밀통로인데, 적이 알아보기 어려운 곳에 설치한 성문으로 크기가 작다. 적에게 쉽게 식별될 수 있는 시설도 설치하지 않았다. 남한산성에는 모두 16개의 암문이 있는데 동암문은 제11암문으로 16개 암문 중 가장 크다. 계단이 있어 우마차의 통행이 불가능하고, 주로 수레나 일반인들이 통행하였을 것으로 보인다. 동암문은 슬픈 역사를 간직하고 있기도 한데, 조선말 천주교 박해 당시에 희생당한 시신을 이 문을 통해 버렸다고. 때문에 동암문은 천주교인의 성지 순례 장소이기도 하다.

암문은 주로 적의 관측이 어려운 곳에 설치되어 있다.

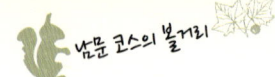

지수당 옆에 있는 아름다운 호수

STEP 03
지수당 { 주변 연못이 아름다운 곳 }

남한산성은 경사가 완만하기 때문에 등산보다는 산책하는 기분으로 거닐 수 있다. 지수당이 있는 곳도 그렇다. 지수당은 아예 도로를 끼고 있다. 경기도 문화재자료 제14호로 지정되어 있는 지수당은 아름다운 연못을 자랑한다. 현종 13년에 부윤 이세화가 건립한 정자로 건립 당시에는 정자를 중심으로 앞뒤에 3개의 연못이 있었다고 하나 현재는 2개만 남아 있다. 정자의 동쪽에는 부윤 이세화의 공덕비가 세워져 있고 제3연못지로 추정되는 지역은 현재 논으로 바뀌었다. 정자의 남쪽에는 서에서 동으로 계곡물이 흐르고 있다. 정자 옆의 연못은 'ㄷ' 자형으로 파서 연못이 정자를 둘러싼 특이한 형태를 하고 있는데, 을축년 대홍수(1925)로 매몰된 것을 근래에 고증을 통하여 복원한 것이다.

STEP 05
남한산성역사관 { 남한산성 역사의 현장 }

역사는 물론 자연생태의 보물창고인 남한산성에 대해 속속들이 알 수 있는 곳이다. 그리고 남한산성에 전해지는 여러 가지 전설도 들을 수 있다. 옛날 효성이 깊은 정남이라는 이름의 한 소년이 있었다. 산성 북문 안에 살던 정남이의 나이는 12세였다. 아이의 아버지가 병으로 들어 눕자 지나가던 사람이 잉어가 특효라는 말을 불쑥 내뱉고 가버렸다. 정남이는 그날 이후 매일 같이 잉어를 잡으러 다녔다. 여기저기 다니지 않은 곳이 없었다. 그날도 허탕을 치고 지친 몸을 이끌고 돌아오는데 우물가에 황금 비늘잉어가 있는 게 아닌가. 얼른 잡아다가 고아 드렸더니 아버지의 병환이 나았다고. 이후 이 우물을 효자정이라 부르게 되었다고 한다. 이외에도 삼국사기와 삼국유사에 나오는 남한산성에 얽힌 이야기도 엿볼 수 있으니 등산길에 꼭 들러보도록 하자.

STEP 04
수문 { 물이 통하던 문 }

남한산성은 지세가 서쪽이 높고 동쪽이 낮아 대부분의 물이 이 수문을 통해 밖으로 흘러나간다. 산성 내에는 80개의 우물과 45개의 연못이 있을 정도로 수원이 풍부하였다고 전해진다. 수구문 바닥과 천장에는 홈이 패여 있는데 이는 적의 침입을 방지하기 위하여 쇠창살을 가로질러 놓았던 것으로 보인다. 남한산성은 내부 경사가 완만하고 넓은 경작지와 물을 갖춘 천혜의 전략적 요충지다.
이런 환경적인 요건 때문에 병자호란 당시 수적 열세에도 불구하고 청군에 함락당하지 않고 47일이나 항전할 수 있었다. 이 수문은 동문 가까이에 있는 곳인데 눈에 잘 띄지 않는다. 도로 가까이에 와서 오른편 밑으로 자세히 봐야 작은 구멍을 찾을 수 있다.

이야기를 가득 담고 있는 남한산성역사관의 외관

추천 코스 02

북문 코스
이야기가 풍성해 즐거운 코스

산성 로터리와 가까워서인지 사람들이 즐겨 찾는 코스다. 등산로 중간 중간에 들르기 좋은 수어장대 등이 있어 산행이 지루하지 않다. 등산로도 예쁘고 산행 시간도 길지 않아 등산 초보자에게는 안성맞춤인 코스다.

난이도	상 중 ㉠하
거리	약 3.8km
소요 시간	1시간 35분
탐방 코스	산성 로터리 → 북문 → 수어장대 → 남문 → 유원지 입구

볼거리가 많은 코스. 가파르거나 위험한 오르막길이 없어 도란도란 이야기를 나누며 걷기에 알맞다. 등산화보다는 가벼운 운동화를 신고 걸어도 괜찮다. 길은 포장도로와 계단이 적절히 조화를 이루고 있다.

🚗 찾아가는 길
지하철 8호선 산성역으로 나와 조금만 걸으면 버스 정류장이 보인다. 9번 버스를 타고 종점인 산성 로터리에 내리면 이정표가 있어 길 찾기가 쉽다. 산성 로터리에서 북문까지는 도보로 5분 정도 소요된다.

🚻 화장실
이곳에서 서문까지는 화장실이 없다. 산성 로터리 부근의 화장실을 이용해야 한다. 서문에서 유원지 입구까지는 드문드문 화장실이 있다.

🍴 음식점 또는 부대시설
유원지 입구의 도로 양옆으로 음식점이 쭉 늘어서 있다. 오른편에 보이는 수육국밥집에서는 따끈한 수육국밥을 비롯해 왕만두, 냉면도 선보이고 있다. 주변에는 싸고 맛있는 먹을거리가 많다.

북문 코스의 볼거리

승리의 다짐이 느껴지는 북문

STEP 01

북문 {기습 공격 시 사용하던 문}

싸움에 패하지 않고 모두 승리한다는 뜻에서 '전승문'이라고도 부르는 북문은 병자호란 당시 기습 공격을 감행할 때 사용하던 문이다. 하지만 북문도 쓰라린 패전의 경험이 있다. 당시 영의정 김류의 주장에 의해 군사 300여 명이 북문을 열고 나가 청나라 군과 맞붙었으나 적의 계략에 넘어가 전멸하고 말았다. '법화골 전투'라 불리는 이 전투는 병자호란 당시 남한산성에서 있었던 최대 규모의 전투이자 최대의 참패로 기록된다. 이후 문의 이름을 패전의 경험을 잊지 말자는 뜻에서 전승문(戰勝門)이라 칭하였다. 선조 때의 기록을 보면 북문은 인조 2년(1624)에 신축된 성문으로 추측된다.

북문은 위에서 보나 아래에서 보나 튼튼해 보인다.

STEP 02
수어장대 { 유일하게 남은 장대 }

남한산성에 있는 5개의 장대 중 유일하게 남아 있으며, 성 안에 남은 건물 중 가장 화려하고 웅장하다. 이곳은 지휘와 관측을 위한 군사 목적으로 지은 누각이다. 인조 2년(1624) 남한산성 축성 때 단층으로 지어 서장대라 불리던 것을 영조 27년(1751) 유수 이기진이 왕명을 받아 이층으로 다시 짓고 '수어장대(守禦將臺)'라는 편액을 달았다. 수어장대 2층 내부에는 '무망루(無忘樓)'라는 편액이 달려 있었는데, 병자호란 때 인조가 겪은 시련과 8년간 청나라에 볼모로 잡혀갔다가 귀국하여 북벌을 이루지 못하고 승하한 효종의 원한을 잊지 말자는 뜻에서 영조가 지은 것이다. 현재 무망루 편액은 수어장대 오른편에 보호각을 지어 많은 사람들이 볼 수 있도록 보관하고 있다.

STEP 03
매바위 { 억울한 사연이 깃든 바위 }

"내가 죽은 뒤 아무런 일도 일어나지 않는다면 내가 죄가 있는 것이 맞을 것이다."
참수형에 처하게 된 이회 장군이 죽기 직전에 하늘을 쳐다보며 한 말이다. 이회 장군이 죽자 부인 송씨도 한강에 몸을 던져 따라 죽었다. 이회 장군은 남한산성을 쌓을 때 산성 동남쪽 지역 공사에 완벽을 기하기 위하여 철저하게 점검을 하며 공사를 진행하였다. 그런데 완벽을 기하다 보니 그만 공사 기일을 넘기고 말았다. 설상가상으로 공사비용까지 부족하게 되자 이회 장군이 주색잡기에 빠졌기 때문이라는 얘기가 조정의 신하들 사이에서 나돌았다. 결국 이회 장군은 참수형에 처해졌다. 그의 예언대로 이회 장군의 목을 베자, 어디선가 매 한마리가 날아와 이 바위에 앉아 구슬피 울었다고 한다. 이후 사람들은 매가 앉았던 이 바위를 '매바위'라 부르며 그의 죽음을 애도하였다. 그리고 이 바위를 신성시하였다.

그냥 지나치면
후회할 수어장대

추천코스 03

장경사 코스
제대로 땀이 흐르는 코스

등산 중에 만나는 장경사, 장경사신지옹성, 동장대터, 남한산성 군포지 등이 등산의 지루함을 덜어준다. 긴 거리는 아니지만 볼거리는 많은 코스다. 오르막길이 있어 열심히 운동하는 기분이랄까. 다이어트가 목적인 여성에게는 제격이다.

난이도	상 (중) 하
거리	약 3.8km
소요 시간	편도 1시간 40분
탐방 코스	산성 로터리 → 동문 → 망월사 → 장경사 → 동장대터 → 북문 → 산성 로터리

3코스 중 제일 힘든 코스가 아닐까 싶다. 동문에서 망월사까지는 포장도로지만 제법 가파른 오르막이라 오르는 데 힘이 든다. 망월사에서 장경사까지는 걷기 무난하지만 포장도로로 지나다니는 차를 조심해야 한다. 장경사부터는 산성을 따라 걷는데 오르막이여서 땀이 절로 흐른다. 동장대터에서 산성 로터리까지는 내리막길이다.

찾아가는 길
지하철 8호선 산성역으로 나와 조금만 걸으면 버스 정류장이 보인다. 9번 버스를 탄 후 종점인 산성 로터리에서 내려 남한산성역사관 방향으로 걸으면 된다. 도로를 따라 15분 정도 걸으면 왼편에 동문이 보이고 망월사로 향하는 길이 보인다.

화장실
산성 로터리에서 장경사까지 드문드문 있다. 하지만 장경사를 지나 산성 로터리까지는 화장실을 찾기 힘들다.

음식점 또는 부대시설
종로라고도 불리는 산성 로터리 주변에는 음식점이 많고 편의점도 있다. 삼계탕과 따끈한 어묵을 파는 곳도 있다.

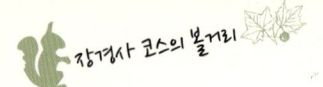 장경사 코스의 볼거리

누구에게나 문을 열어 놓는 장경사

STEP 01
장경사 { 창건 당시의 모습이 잘 보존된 사찰 }

인조 2년(1624) 남한산성을 고쳐 쌓을 때 승려 벽암각성을 팔도 도총섭으로 삼고 전국의 승려들을 번갈아 징집하여 성을 쌓게 하였다. 축성 후에도 승군을 주둔시켰는데, 이들의 숙식을 위하여 인조 16년(1638)에 건립한 절이 바로 장경사다. 1894년 갑오경장으로 승군 제도가 사라질 때까지 전국에서 뽑힌 270여 명의 승려가 교대로 산성을 보수하거나 경계하는 역할을 수행하였다. 남한산성 내에는 이러한 목적을 위해 10개의 절을 세웠는데 이곳이 창건 당시의 모습이 가장 잘 보존되어 있다. 특히 사찰 내에 있는 대웅전은 가장 화려한 양식으로 지어졌다. 지금은 경기도 문화재 자료 제15호로 지정되어 있다.

지금도 사람이 드나들 수 있는 암문

STEP 02
장경사신지옹성 { 독특한 이중 성벽 }

옹성은 일반적으로 성문을 보호하기 위하여 성문 밖으로 한 겹의 성벽을 더 둘러쌓는 이중의 성벽을 말한다. 그러나 남한산성의 옹성은 성벽으로 접근하는 적을 3면에서 입체적으로 공격하고, 요충지에 대한 거점 확보를 위하여 성벽에 덧대어 설치한 설치물로 다른 성에서는 찾아보기 어렵다. 옹성 끝에는 2곳의 포대가 설치되었고 포루의 좌측 벽에는 이방이라 불리는 무기와 화약을 저장하는 시설이 있었다. 본성과 연결되는 지점에는 전투 시에 성내로 출입할 수 있도록 암문을 설치하였다. 이것은 제2암문으로 '장경사신지옹성 암문'으로 불린다. 폭 1.3m, 높이 1.42m로 다른 암문에 비해 비교적 큰 편이다. 남한산성에는 총 16개의 암문이 있으며 본성에 11개, 봉암성에 4개, 한봉성에 1개가 설치되어 있다. 다른 암문은 원성 축조 시 함께 만들어져 사전에 계획된 것인 반면, 이 암문은 장경사신지옹성을 쌓으면서 신축한 암문으로 보인다.

STEP 03
봉암성 암문 { 무지개를 닮은 문 }

원성과 봉암성을 연결하는 주 출입구로 쓰인 이 암문은 무지개 모양으로 반쯤 둥글게 만든 홍예문이다. 규모 또한 폭 2.36m, 높이 2.65m에 달해 문루만 없을 뿐 성문의 역할을 하였던 것으로 보인다. 봉암성 암문을 통과한 후 벌봉 쪽으로 조금만 걸어가면 봉암성이 보인다. 병자호란 당시 남한산성 내부의 동태를 훤히 조망할 수 있는 벌봉을 청군에 빼앗겨 곤란을 겪었는데, 이러한 약점을 보완하기 위하여 숙종 12년(1686) 부윤 윤지선으로 하여금 성을 쌓게 하였고, 숙종 31년(1705) 수어사 민진후가 포루를 증축하여 오늘날에 이르고 있다. 봉암성은 새로 쌓은 성이므로 '신성'이라고도 하며, 동쪽의 성이므로 '동성'이라고도 불렀다.

plus page

주변의 둘러볼 곳

전통 공예품 감상에 흠뻑 빠져볼 시간
민속공예전시관

나전칠기 작품을 구경하고 구입할 수 있는 곳으로 유원지 입구의 오른쪽에 자리하고 있다. 성남시와 한국전통민속공예협회에서 운영하는 이곳의 1층 전시관에는 전통공예 생활용품과 전통공예 가구를 전시·판매하고 있고, 2층 전시관에는 공예대전 수상작 등 우수 공예품을 전시하고 있다. 나전칠기공예품, 옻칠공예품, 목공예품, 한지공예품, 섬유공예품, 화각공예품, 전통국악기 및 기타 공예품들을 한자리에서 만날 수 있다. 100여 명의 전통공예 작가가 직접 작품을 만들고 전시·판매하는 전시관답게 작품들이 모두 훌륭해 일부러 찾아온 보람이 느껴진다. 전시관에 소속된 공예가들 중 나전칠기장 배금용(성남시 무형문화재 제24호), 화각장 한춘섭(성남시 무형문화재 제29호), 대목장 장효순(성남시 무형문화재 제36호) 등은 시도 무형문화재로 지정되어 있다.

이용 요금 무료
이용 시간 오전 9시~오후 6시, 매주 월요일 휴관
찾아가는 길 지하철 8호선 산성역 2번 출구에서 9번 버스를 타고 남한산성 입구에서 하차, 유원지 입구로 들어와 오른편으로 보면 민속공예전시관 건물이 보인다
홈페이지 www.snf.or.kr

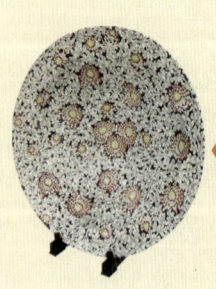

독립운동가 한용운의 일생을 한눈에 볼 수 있는 곳
만해 기념관

만해 한용운이 살았던 집 '심우장'은 북향집인데, 여름에는 시원하고 겨울에는 볕이 잘 드는 남향집을 만해 한용운은 강하게 거부했다고 한다. 집을 남향으로 지으면 조선총독부가 보인다는 것이 이유였다. 독립운동가이자 시인, 승려로서의 삶을 산 만해 한용운은 조선 왕조 말 국운이 기울어가던 해에 태어났다. 여성해방운동과 농민·노동운동에도 관심이 깊었던 그는 1919년 3·1 독립선언에 민족 대표로 참가하는 등 민족운동에도 대단한 열정을 보였다. 남한산성 만해기념관은 국가에서 지정한 현충 시설이다. 만해 한용운의 일생을 한눈에 볼 수 있는 곳이기도 하다. 전시실, 교육관, 학습실, 야외 조각공원으로 꾸며져 있다. 기념관 곳곳에서 옥중 투쟁 3대 원칙(변호사를 대지 말 것, 사식을 취하지 말 것, 보석을 요구하지 말 것)을 스스로 지킨 강직한 만해 한용운의 정신을 엿볼 수 있다.

이용 요금	어른 2,000원
이용 시간	오전 10시~오후 5시(동절기), 오전 10시~오후 6시(하절기), 매주 월요일과 1월 1일은 휴관
찾아가는 길	남문 주차장과 산성 로터리(종각 터) 사이에 있는 골목길로 약 120m 정도 들어가 오른편으로 보면 안내 비석이 있다. 산성 로터리에서 주변을 둘러보면 이정표가 보인다.
홈페이지	www.manhae.or.kr

14

인천광역시 남구

문학산

등산보다는 산책을 즐겨야 할 것 같은 산이다. 서울의 여느 산들에 비하면 낮아 오르기 쉽다. 실제로 산 능선은 연수 둘레길과 연결되어 있다. 높지는 않지만 올라서면 인천이 한눈에 보인다. 문학산 주변은 조선시대까지 인천의 중심지였다. 정상 쪽에는 인천 역사의 발원지인 백제시대 산성터도 있다. 오랜 세월 인천 사람들과 함께한 산답게 이름 또한 많은데 남산, 배꼽산, 학산으로도 불렸다.

법정 스님 법문집에는 북인도 오지인 라다크 지방에 사는 한 티베트 노인의 메시지가 실려 있다.

노인은 서방 기자를 만난 자리에서, 바깥세상에는 많은 불행이 있다고 들었다고 말한다. 그러면서 현대인들이 불행한 이유에 대해 이런 말을 한다.
'아마도 당신들은 좋은 옷과 재산을 많이 가지고 있기 때문에 거기에 시간과 기운을 빼앗겨, 기도하고 배우면서 자신을 되돌아볼 시간이 없을 것이다. 당신들이 불행한 것은 가진 재산이 당신들에게 주는 것보다 빼앗는 것이 더 많기 때문인지도 모르겠다'.
노인이 사는 라다크 지방은 세계의 지붕이라 불리는 히말라야 산맥에 위치해 있다. 험한 산악과 깊은 골짜기로 이루어진 곳이다. 사람은 자연과 가까이 하며 살아야 한다. 자기 자신과 만나는 시간을 자주 가져야 한다.
인천의 진산이라 불리는 문학산을 나는 '인천의 지붕'이라 부른다. 나 자신을 되돌아볼 시간을 제대로 가질 수 있기 때문이다. 이곳에서는 유독 혼자 걷는 사람들을 많이 만날 수 있다. 그들은 조용히 걸으며 자신과 만나는 시간을 갖는다. 등산길은 대체로 평이하고 이렇다 할 난구간이 없어 등산보다는 산책하듯 거닐 수 있다. 둘레길과도 이어져 있어 주중에도 걷는 사람들을 많이 만날 수 있다. 언젠가부터 걷기 운동은 대국민 스포츠가 되다시피 했는데

문학산은 걷기에 가장 좋은 길이 아닐까 싶다.

미국의 환경심리학자 캐플란은 일상에서 발생한 스트레스는 가급적 빨리 해소하여야 한다고 강조하였는데, 그는 원기를 회복시킬 수 있는 장소가 가져야 할 조건으로 다음 4가지를 꼽았다.

첫째, 아름다움을 가질 것.

둘째, 일상으로부터 탈출감을 느낄 수 있을 것.

셋째, 적절한 면적을 가질 것.

넷째, 목적을 달성할 수 있는 곳일 것.

문학산은 이 4가지 조건을 두루 다 갖추고 있다. 일단 아름답다. 울창한 숲속으로 들어가면 일상에서 탈출한 해방감이 느껴질 뿐 아니라 걷기에 꼭 맞는 면적이고 정상이 멀지 않은 곳에 있는 데다 목적을 달성한 성취감도 맛볼 수 있다. 문학산을 걷고 나면 몸과 마음에 생기가 돌고 힘이 솟아난다. 이는 문학산이 나에게 주는 것이 많기 때문일 것이다.

내 것이라고 점유하고 소유하고 있는 것들이 내 기운을 다 빼앗아 살아갈 힘을 잃게 되면 주저 없이 지하철을 타고 문학산으로 향한다. 몸과 마음을 한가득 충전하러.

산에 오르면 좋은 일만 떠오르고
모든 게 용서가 된다.

연경정
인천이 한눈에 내려다 보이는 정자. 월미도, 월미산, 철마산, 계양산도 보인다.

청량산

송도 신도시

옥련동

연경정

소나무 숲

노적봉 코스 p.310

계단길

노적봉

노적봉의 또 다른 풍경

노적봉
경치 감상에 제격인 봉우리. 인천 팔경의 하나인 팔미도, 무의도 등을 볼 수 있다.

추천 코스 01

산성 코스
아기자기한 예쁜 등산길

난이도	상 중 **하**
거리	약 2.4km
소요 시간	편도 1시간 05분
탐방 코스	법주사 → 길마재 정상 → 문학산성 → 삼호현 고개 → 문학 레포츠 공원

이보다 더 편할 수 없다는 생각이 드는 코스다. 편하기만 한 것이 아니라 아름답기까지 하다. 대단한 경치는 아니지만 등산로를 이루고 있는 계단도 예쁘고, 오솔길처럼 생긴 흙길도 예쁘다. 여러모로 여자들이 좋아할 만한 등산로다.

법주사에서 길마재 정상까지는 오르막길이지만 무섭거나 힘들지는 않다. 이 코스는 전체적으로 계단과 흙길로 이루어져 있으며 크게 위험하거나 무서운 구간이 없다. 삼호현 고개에서 조금만 올라가면 문학 레포츠 공원과 만난다.

306 문학산

🚗 찾아가는 길
지하철 인천 1호선 선학역 3번 출구로 나와 첫 번째 우측 골목으로 진입한 후 5분 정도 쭉 걸으면 왼편에 법주사가 보이는데 법주사 옆에 등산로가 나 있다.

🚻 화장실
이곳은 화장실을 찾기 어렵다. 문학 레포츠 공원 입구로 가야 찾을 수 있다.

🍴 음식점 또는 부대시설
지하철 인천 1호선 선학역 3번 출구로 나와 첫 번째 우측 골목으로 진입하면 편의점과 커피숍을 비롯해 맛집이 즐비하다. 특히 법주사 바로 앞에는 착한식당이 있는데 가격에 비해 맛난 반찬 가짓수가 많다. 가정식 백반정식은 점심시간(오전 11시~오후 3시)에 가야 맛볼 수 있으니 꼭 시간을 확인하고 이용하도록 하자.

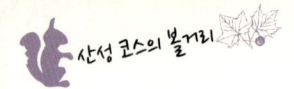
산성 코스의 볼거리

역사가
고스란히
느껴지는
문학산성의
모습

STEP 01

문학산성 { 문학산 정상부에 축조된 산성 }

인천광역시 기념물 제1호로 지정되어 있는 문학산성은 처음에는 흙으로 쌓아 올린 성이었으나 삼국시대 말이나 통일신라시대에 돌로 다시 쌓아 올렸을 가능성이 높다. 성을 쌓은 시기를 삼국시대 말이나 통일신라시대로 보는 것은 이곳에서 발견된 기와 조각과 뱀이 기어가듯 구불구불한 파사형을 이룬 바닥 부분 그리고 심석이라는 긴 석재를 사이사이 넣은 뒤 막돌을 물린 축성 기법 때문이다.
성은 내성과 외성으로 이루어졌으며 둘레는 총 577m로 현존하는 부분은 339m이고 면적은 20,790㎡이다. 전 구간을 일정한 크기로 자른 돌을 다듬지 않고 쌓았는데, 아래는 무겁고 긴 돌을, 위로는 갈수록 작고 가벼운 돌을 뒤로 물려가며 쌓은 전통 방식을 사용하였다.
2,000년의 역사를 간직한 명산 문학산은 백제 미추왕의 도읍지였다. 그래서 문학산성은 '미추홀 고성'으로 불리기도 했다.

STEP 02
돌 먹는 나무 { 모습이 기이한 나무 }

문학산성에서 조금만 내려오면 삼신할매라 불리는 나무가 보인다. 아카시아나무로, 나무가 돌을 먹고 있는 모양을 하고 있다. 돌이 저절로 굴러와 나무에 박혔다는 설도 있고 나무가 부피 생장을 하면서 돌을 끼고 자라는 형태가 되었다는 설도 있다. 모양이 독특해서 2008년 1월 18일 SBS TV 프로그램 '있다! 없다?'에 소개되기도 하였다. 독특한 모양의 나무는 사람들로 하여금 두 손을 모으게 한다. 돌먹는 나무 주변은 걷기에 좋으며 연수 둘레길과도 연결되어 있다. 근처에는 산사나무 군락지도 있다. 산사나무는 장미과에 속하는 낙엽 교목으로 둥근 열매를 맺기도 한다. 열매는 끝 쪽에 꽃받침 자국이 남아 있고 붉은색으로 익으며 흰색 반점이 있다. '산사자'라고도 불리는 열매는 차로 달여 마시기도 한다.

실제로 보면 더 신기하다.

STEP 03
삼호현 고개 { 사연과 전설이 깃든 공간 }

세 번 이름을 부르고 이별하던 가슴 아픈 사연을 간직하고 있는 고개로, 문학산과 연경산 사이에 있는 고갯길이다. 옛날 중국으로 가는 사신들은 부평의 별리현을 거쳐 이 고개를 넘어 능허대로 갔다. 배웅하러 왔던 가족들은 별리현에서 이별을 했고, 사신들은 삼호현에 올라 별리현에 서 있던 가족들에게 큰 소리로 이별 인사를 세 번 하고 이 고개를 넘어 갔다고 한다.
삼호현 고개에는 전설도 전해진다. 삼호현 고개 위에 있는 큰 바위를 삼해주바위·중바위 등으로 불렀는데 과거 이 바위에는 물동이 모양으로 패인 부분이 있었다고 한다. 이 부분에는 삼해주(酒)가 고여 있어 고개를 넘던 사람들이 갈증을 풀었다. 그런데 어떤 사람이 그 술을 두 잔 이상 마셨더니 술이 말라 없어졌고 이후로 고개 이름을 삼해주현이라 부르게 되었다는 이야기다. 삼호현 고개에서 조금만 걸으면 문학 레포츠 공원과 만난다.

추천 코스 02

노적봉 코스
옛날 옛적 인천 이야기가 들리는 곳

난이도	상 중 ⓗ
거리	약 5.0km
소요 시간	편도 50분(왕복 1시간 40분)
탐방 코스	문학 레포츠 공원 → 연경정 → 노적봉

이 코스는 등산보다는 산책을 즐기기에 더 어울려서인지 등산객보다는 산책하는 사람들을 더 많이 만나게 된다. 문학 레포츠 공원에서 연경정까지는 오르막길이고 연경정에서 노적봉까지는 거의 평지다. 노적봉 가까이에 오르막 계단이 있는데 가파르지 않아 오르기에 무난하다.

'안 되면 되게 하라'는 군대 구호가 떠오르는 코스로, 유서 깊은 사찰이나 문화재는 없다. 그래서인지 이 코스는 직접 이야기를 만들어 심어 놓았다. 등산로 중간 중간에 읽을거리가 많은데, 주로 자연과 인천에 관한 이야기다. 노적봉은 경치를 감상하기에는 제격이다.

🚗 찾아가는 길

지하철 1호선 제물포역 1번 출구로 나와 길을 건넌 후 왼편에 보이는 버스 정류장에서 4번 버스를 이용한다. 신동아 1, 2차 아파트 앞에서 내리면 되는데 약수터 입구라고 안내 방송이 나오기도 한다. 버스에서 내려 법원, 검찰청 방향으로 가면 법조먹거리타운이 나온다. 등산로는 버스에서 내려 왼편으로 걸은 후 오른편으로 가면 만날 수 있다. 문학공원 이정표가 있어 길 찾기는 어렵지 않다. 초등학교 뒤편에 문학공원이 있다.

🚻 화장실

문학공원에 진입해 오른편으로 가면 크고 깨끗한 화장실이 있다. 이곳을 벗어나 노적봉까지는 없으니 참고하도록 하자.

🍽 음식점 또는 부대시설

지하철 1호선 제물포역 1번 출구와 2번 출구에는 음식점이 많다. 법조먹거리타운에도 음식점이 많다. 백학초등학교까지의 길에는 슈퍼마켓을 비롯해 다양한 음식점이 있지만 학교를 벗어나면 음식점도 매점도 없다.

공짜로 즐기면서 건강은 배가 되는 운동 기구들

STEP 01

문학 레포츠 공원 {즐거운 체력 단련장}

문학공원은 여느 도시공원과는 달리 체력을 단련할 수 있는 독특한 시설이 많다. 담력과 균형 감각을 키울 수 있는, 밧줄에 매달린 통나무에 올라가 다음 통나무로 차례로 이동하는 코스인 '흔들 계단 오르내리기', 준비운동과 순발력을 길러주는, 밧줄에 묶인 원형 목재의 균형을 잡아 빠르고 신속하게 건너는 '아마존 정글 건너기' 등이 설치되어 있으며, 또 힘을 길러주는 극기 시설도 있다. 사면을 올라 밧줄을 잡고 수직으로 하강하는 코스인 '지붕 오르내리기'는 얼마간의 체력을 요한다. 연경정 밑쪽에는 미로의 동굴 형태를 갖춘 시설로서 빠르고 신속한 판단력과 담력으로 미로와 장애물을 통과하는 '만장굴 탐험'도 있다. 이외에도 '그랜드 캐년', '에베레스트 등반', '만리장성 통과하기' 등 재미난 이름의 시설이 많다. 문학 레포츠 공원에는 공중 화장실을 비롯하여 피크닉 장소와 어린이 놀이터 등이 있다.

STEP 02
연경정 { 인천이 한눈에 보이는 정자 }

문학 레포츠 공원에서 조금만 올라오면 나오는 연경정은 연경산 정상에 해당한다. 인천은 바다를 끼고 있는 도시라 그런지 산이 높지 않다. 연경정에 서면 인천이 한눈에 보인다. 1883년 1월 1일 개항한 후 곡물과 양곡 등 국내 벌크 화물의 60% 이상을 수출입하는 인천항과 1954년 하와이 이주 교포들의 성금으로 설립된 인하대학교가 보인다. 인하는 인천의 '인'과 하와이의 '하'를 따서 붙인 이름이다.

또 1918년 일제에 의해 둑길이 놓이면서 육지가 된 월미도도 보인다. 월미도는 해방 후 해군부대가 진주하였으나 2001년 10월 시민의 품으로 돌아왔다. 월미도에 있는 월미산 역시 산이 높지 않다. 높이가 108m 정도며 월미산 역시 군사보호구역으로 민간인의 출입이 통제되었던 산이었다.

슬픈 전설이 전해지는 철마산도 보인다. 철마산 역시 높이가 210m에 불과하며 철마산 옆으로는 인천에서 제일 높은 계양산이 우뚝 서있다. 인천의 주산으로 이규보의 거처가 있어 유명한 이 산의 높이는 395m다.

STEP 03
노적봉 { 경치 감상에 제격인 봉우리 }

문학산 서쪽 끝자락의 봉우리인 노적봉은 예전에는 제월봉(해동지도)으로 불리다가, 일제 시대인 1917년 이후에는 노적산으로 불렸다. 노적봉에 세워져 있는 정자에 서면 백제의 전성기인 근초고왕부터 개로왕까지 중국과 교역할 때 이용하던 나루터인 한나루터 능허대와 신석기시대부터 사람이 살았다는 영흥도가 보인다. 영흥도는 삼국시대에는 백제에 속하였다. 고려가 망하자 고려 왕족의 후예인 왕씨가 영흥도에 피신하여 정착하면서 제일 높은 국사봉에 올라 고려국이 다시 흥하기를 신령에게 기원한 곳이라 하여 영흥도라 불리게 되었다.

그리고 인천 팔경의 하나인 팔미도도 보인다. 팔미도는 모래 언덕으로 된 두 개의 섬이 마치 여덟 '팔(八)' 자처럼 양쪽으로 뻗어 내린 꼬리와 같다고 해서 붙은 이름이다.

팔미도에는 1903년 6월에 세워진 우리나라 최초의 등대가 있다. 이외에도 조선시대 목장이 있던 무의도가 보인다. 무의도는 간조 시에 바다가 갈라지면 영화 '실미도'의 실제 무대인 실미도에도 갈 수 있다.

plus page

주변의 둘러볼 곳

인천에 오면 한 번쯤 꼭 들러볼 곳
차이나타운

인천 차이나타운에 중국인들이 살게 된 지도 100년이 넘었다. 빠르게 변하는 세월의 흐름 속에서도 여전히 자신들의 색깔을 간직해오고 있다. 특히 양과 맛이 뛰어난 중국 음식은 다른 지역 사람들까지 불러들이고 있다. 1884년 인천에 청국 조계지가 설치되면서 중국 상인과 노동자가 많이 유입되었는데, 이들에게 값싸고 간편한 음식을 제공하기 위해 만든 것이 짜장면이다. 산둥 지방의 토속면장에 고기를 볶아 손수레에 재료를 싣고 부둣가로 나가 직접 수타면으로 만들어 팔기도 했다. 1950년대에는 화교들이 캐러멜을 첨가한 한국식 춘장을 개발하였는데 이는 우리나라에 짜장면을 정착시키는 계기가 되었다.

인천 차이나타운에는 먹을거리만 있는 게 아니다. 개항 관련 자료 및 개화기 생활용품 등을 볼 수 있는 인천 근대박물관과 〈삼국지〉의 중요 장면을 설명과 함께 타일로 제작하여 장식한 삼국지 벽화거리, 중국에 가보지 않고서도 다양한 중국 문화를 접할 수 있는 한중문화관 등 볼거리도 풍부하다. 대부분 무료로 볼 수 있어 여행자들의

주머니 부담을 덜어준다.

또 이곳은 산책하기에도 좋다. 1888년 개항 장내에 조성된 한국 최초의 서구식 공원인 자유공원에 올라서면 인천이 한눈에 보인다. 인천상륙작전의 영웅 맥아더 장군의 동상도 있다.

구 공화춘 건물도 볼만하다. 이 건물은 짜장면의 역사를 거론할 때 빼놓지 않고 등장하는 건물이다. 1905년 산동성에서 온 우희광은 인천에 사는 사람들과 함께 산동회관을 지어 간단한 음식점과 여관업을 운영한다. 산동회관은 이후 명칭이 공화춘으로 바뀌었고 중국 음식점으로 이름을 날렸다. 일부에서는 인천 짜장면의 시초가 이곳이라고도 하나 신빙성은 없다. 건물의 설립연도 또한 1905년이라고 하지만 수차례의 개보수를 거쳐 현재의 형태가 되지 않았나 생각한다. 주변의 설명에 의하면 40여 년 전부터 영업은 하지 않고 다만 우희광의 딸이 살았다고 한다.

찾아가는 길 지하철 1호선 인천역 1번 출구에서 도보 2분.
홈페이지 www.ichinatown.or.kr

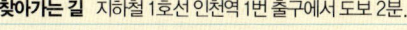

15

인천광역시 강화군

마니산

마니산은 대한민국에서 기(氣)가 가장 센 산으로 알려져 있다. 그래서인지 단군이 하늘에 제사를 지내기 위해 쌓았다는 참성단에는 소원을 비는 발길이 끊이지 않는다. 1977년 3월 31일에는 국민 관광지로 지정되기도 하였다. 강화에서 제일 높은 산이라지만 막상 올라보면 그리 높지는 않다. 산은 전체가 암석으로 되어 있는데 기이한 봉우리와 절벽은 왠지 모를 영험한 기운이 느껴진다.

유치하게 꼭 거기까지 가서 기를 받아야 해?

마니산에 가서 기나 받고 오자는 나의 제안에 친구는 강력하게 반발했다.
"기? 그런 거 다 사람들이 그냥 하는 말이야."
친구는 투덜대면서도 마니산까지 따라왔다. 마니산을 찾은 날은 조금 쌀쌀했다. 그럼에도 사람들이 많았다. 단군이 하늘에 제사를 지냈다는 곳에는 두 손을 모아 소원을 비는 사람들이 모여 있었다. 사람 구경, 산 구경에 잠시 한눈을 파는 사이에 친구가 보이지 않았다. 그리고 순간 나는 내 눈을 의심했다. 친구는 소원을 비는 무리에 섞여 있었다. 그것도 맨 앞에 서서 정성을 다해 싹싹 빌고 있었다. 무엇을 비는지는 모르겠지만 친구의 인상을 보니 가수 임재범의 노래가 떠올랐다.
'어찌합니까~, 어떻게 할까요~.'
그래도 남들 하는 건 다 해봐야 한다나 어쩐다나. 친구는 자신이 생각해도 제 모습이 멋쩍었는지 살짝 변명을 늘어놓았다. 정말이지 여자의 마음은 갈대 같다. 싫다고 할 땐 언제고.
그런 시간이 있었다. 어디든 떠나야 했다. 흐르는 시간이 아까워서가 아니었다. 나는 외롭고 불안한 감정을 떨쳐내기 위해 시간이 나면 짬을 내 산으로 향했다. 소원을 빌고 내려오는

발길은 올라갈 때보다 훨씬 가벼웠다. 그때 만약 나에게 산이 없었다면, 마음을 털어낼 수 있는 곳이 없었다면 어떻게 되었을까. 생각만 해도 끔찍하다.

겨울의 마니산은 볼거리가 많지 않다. 그럼에도 불구하고 모든 것이 용서가 된다. 이곳에는 소원을 빌 수 있는 참성단이 있으니까. 마니산은 나 혼자만 약속이 없어 외로운 날, 세상에 내 이야기를 들어줄 사람 하나 없는 날 찾으면 딱 좋다. 참성단에 서서 고민과 걱정을 털어내고 나면 거짓말처럼 마음이 가벼워진다. 정말로 누군가 나의 이야기를 듣고 있는 것만 같다.

마니산은 올라갈 때는 조금 힘들었는데 내려오는 길은 그런대로 괜찮았다. 같이 하산하는 사람들의 얼굴도 훨씬 편안해 보였다. 참성단에 모든 것을 내려놓고 와서일까. 친구도 더 이상 투덜거리지 않았다.

사람들의 얼굴을 살피다 보니 문득 이런 생각이 들었다.

'외로운 것도, 힘든 것도 나만 그런 건 아니구나. 나를 오해하는 사람을 만나는 것도, 힘에 부치는 일을 만나는 것도 나만 그런 것이 아니었어.'

마음이 한층 가벼워졌다.

돌멩이 함부로 발로 차지 마라.
너는 누구에게 한 번이라도 견고한 사람이었느냐.

마니산 전체 풍경 한눈에 보기

참성단
단군이 홍익인간의 정신과 국태민안을 기원하며 제단을 쌓고 하늘에 제사를 올린 성지

- 분오리 돈대
- 동막 해수욕장
- 정수사
- 함허동천 등산로
- 참성단
- 372계단
- 소사나무
- 기 받는 160계단
- 기도원
- 1004계단
- 신선설화 (전시관)
- 매점
- 상방리 매표소
- 출발

계단로 코스 p.324

마음의 준비를 먼저 하고 오르자.

기 받는 160계단
마음속으로 소원을 빌거나 생각을 정리하며 걷기에 좋다. 나무가 많아 신선한 공기를 마실 수 있다.

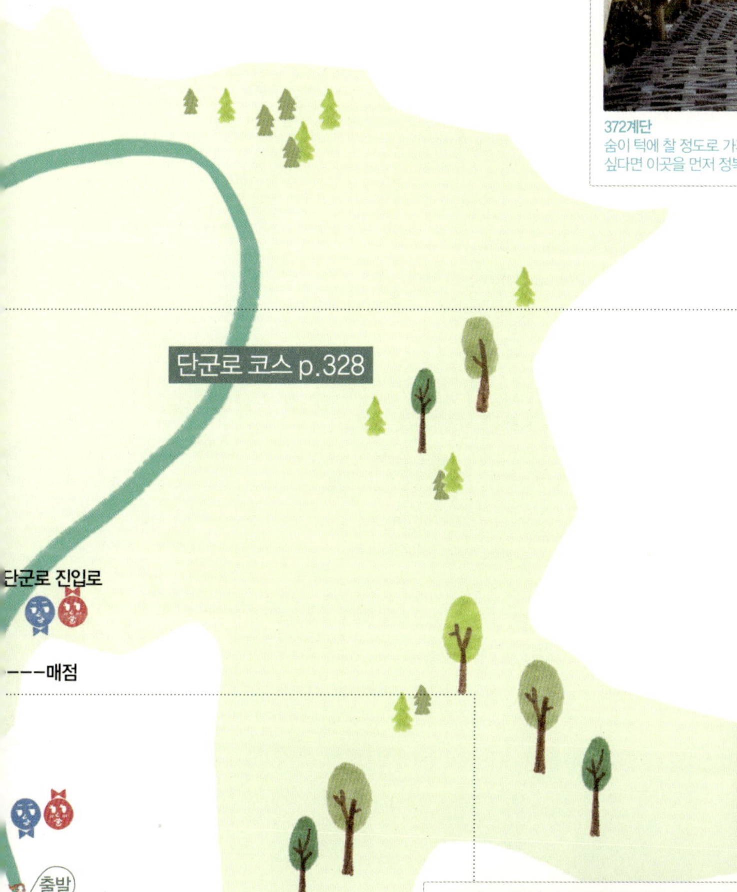

단군로 코스 p.328
단군로 진입로
매점
출발
●주차장
화도 버스 터미널

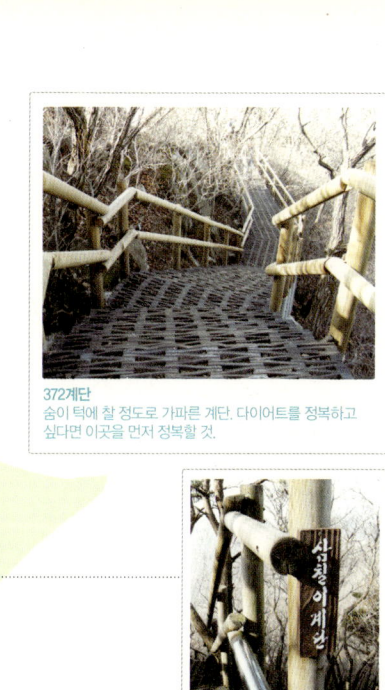

372계단
숨이 턱에 찰 정도로 가파른 계단. 다이어트를 정복하고 싶다면 이곳을 먼저 정복할 것.

삼칠이계단

372계단의 시작점. 두근두근!

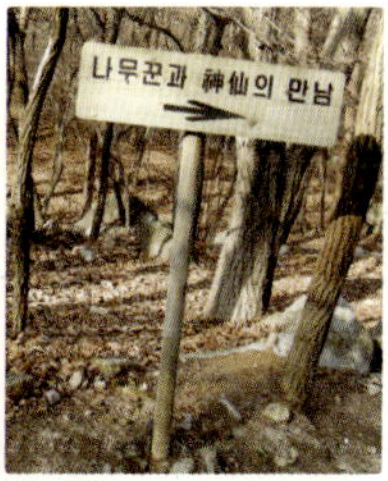

나무꾼과 神仙의 만남

신선설화를 재현한 곳에도 들러보자.

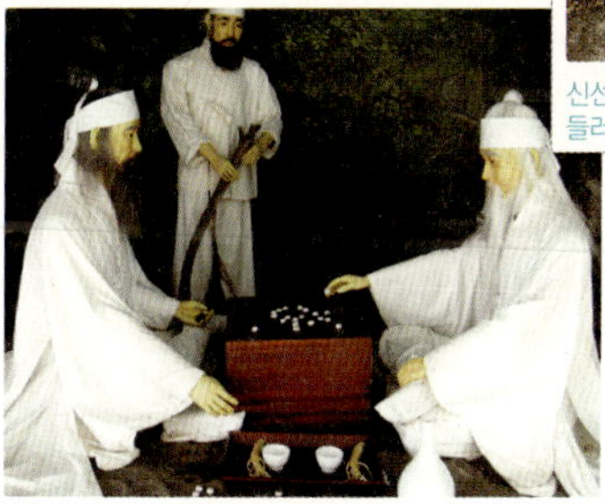

신선설화
미니산에 전해져 내려오는 설화를 재미있게 재현해 놓은 곳. 사진 한장 찍어 기념으로 남겨보자.

춘천 코스 01

계단로 코스
아름다운 기가 전해지는 계단

나무와 돌계단이 주를 이루는 코스다. 단군로보다는 조금 힘들지만 그만큼 보람도 크다. 상방리 매표소에서 1004계단 구간 옆에는 울창한 소나무 숲이 있어 눈과 코가 호사를 누린다. 돌계단을 밟고 오르면 기가 몸 안으로 퍼지는 듯한 기분이 든다.

난이도	상 ⓒ 하
거리	약 4.8km
소요 시간	편도 1시간(왕복 2시간)
탐방 코스	상방리 매표소 → 1004계단 → 참성단

포장도로를 따라 10여 분 정도 걸으면 왼편에 계단 길로 들어갈 수 있는 나무 계단이 보인다. 이 계단은 시작에 불과하다. 이후 가파른 돌계단이 나온다. 계단은 폭이 긴 편이라 오르는 게 제법 힘들다. 하산할 때도 어느 길을 선택하든 또 계단을 만나게 된다. 단군로 코스 쪽을 선택하면 조금 더 쉽다.

참성단
40분
1004계단
20분
상방리 매표소

324 마니산

🚗 찾아가는 길
지하철 2호선 신촌역 4번 출구로 나와 쭉 걸으면 아트레온 극장 앞에 3100번, 3000번 버스 정류장이 보인다. 3100번 버스를 탄 후 마니산 입구에서 하차하면 된다.

🚻 화장실
매표소에 오기 전 화장실이 있다. 입구로 들어와 계단로 코스 방향으로 가다 보면 왼편에 화장실이 보인다.

🍴 음식점 또는 부대시설
지하철 2호선 신촌역 4번 출구 주변에 편의점이 있다. 마니산 입구에는 음식점이 많다. 매표소 근방 '마니산 원조밥집(인천시 강화군 화도면 상방리 357-1)'의 비빔밥이 맛있다. 산채비빔밥 외에도 비지찌개, 된장찌개, 도토리묵밥 등을 판매한다.

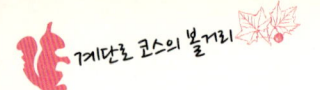
계단로 코스의 볼거리

마음속으로
소원을 빌며
걸어보자.

STEP 01
기 받는 160계단 { 마음속으로 소원을 빌며 오르는 계단 }

1999년 4월 8일자 〈주간조선〉에 '르뽀 한국의 기센 곳'이라는 기사가 실렸다. '기와 풍수 전문가들은 우리나라에서 좋은 기(氣)가 나오는 십여 군데 중 민족의 성지 강화도 마니산을 한국의 대표적인 제1의 생기처로 꼽고 있으며, 이곳에 가면 마음이 편안해지면서 활력이 생기고 건강해집니다. 그래서 예부터 수도하는 분들은 기가 좋은 산과 들을 찾아다니면서 심신을 수련하였고 이와 같은 곳을 최적의 장소로 삼아왔습니다.'

기사의 내용대로 강화 마니산은 전국 제1의 생기처로 많은 사람들에게 활력을 주고 있다. 기 받는 160계단은 아무 생각 없이 그냥 오르는 것보다 소원을 빌거나 생각을 정리하며 걷는 것이 좋다. 계단 주변은 나무가 빽빽이 들어차 있어 신선한 공기를 한껏 마실 수 있다.

마음의 준비를
도와주는
안내판

326 마니산

참성단의 신비한 분위기를 자아내는 나무

STEP 02
참성단 { 단군이 하늘에 제사를 드리던 곳 }

기이한 봉우리와 절벽 등이 절경을 이루는 산을 올라가면 참성단이 보인다. 참성단은 단군이 홍익인간의 정신과 국태민안을 기원하며 제단을 쌓고 하늘에 제사를 올린 성지다. 제단은 다듬은 돌로 쌓았으며 하부는 둥글고 상부는 정방형이다. 고려 원종 11년(1270)에 보수하였으며 조선 인조 17년(1639)에 수축하였다. 숙종 26년(1700)에도 보수하였다. 해마다 개천절이면 참성단에서 단군에 제사를 올리는 행사가 열린다. 또 전국체육대회 때 대회장에 타오르는 성화는 이곳에서 칠선녀에 의해 재화되고 대회장으로 운반, 점화된다. 참성단은 문화재법에 의해 보호되고 있고 개방 시간도 따로 정해져 있다.

STEP 03
소사나무 { 천연기념물이 된 나무 }

참성단 바로 앞에 있는 나무로 천연기념물 제502호로 지정되어 있다. 정확한 명칭은 '강화 참성단 소사나무'다. 이 나무는 높이 4.8m, 뿌리 부근 둘레 2.74m로 수령은 150년으로 추정된다. 전형적인 관목 모습에 나뭇갓이 단정하고 균형이 잡혀 있으며 참성단의 돌단 위에 단독으로 서 있어 그 모습이 한층 돋보인다. 흙 한줌 없는 이런 곳에 150년이나 뿌리를 내리고 있다는 것을 생각하면 그 존재가 신비롭기까지 하다. 이런 연유로 대표적인 전통 나무지만 최초로 문화재에 지정되는 사례로 기록되어 있다. 소사나무는 지금도 분재로 사랑받을 만큼 그 모습이 멋있다. 참성단에 있는 소사나무는 화분 속 분재와는 비교가 안 될 정도로 웅장하고 멋진 모습을 자랑한다.

참성단 개방 시간
하절기 오전 10시~오전 5시
동절기 오전 10시~오전 4시

추천 코스 02

단군로 코스
기이한 바위가 가득

난이도	상 중 ⓗ
거리	약 6.0km
소요 시간	2시간 20분
탐방 코스	상방리 매표소 → 단군로 진입로 → 372계단 → 참성단 → 기도원길 → 단군로 진입로

여기서는, 계단로 코스에서 눈에 안 띄던 것이 보이는데, 바로 바위다. 이 기이한 바위는 단군로 진입로부터 시작해 372계단까지 셀 수 없을 정도로 많다. 바위의 모양은 누군가 칼로 무를 썰어 놓은 듯하다. 372계단까지는 산책로처럼 조성되어 있어 여자가 걷기에 좋다.

제법 쉬운 코스다. 상방리 매표소에서 372계단 앞까지는 가파른 오르막이 없다. 372계단에서 참성단까지는 계단을 따라 올라야 하는데 땀이 뺄 정도로 힘들다. 372계단과 멀지 않은 곳에 난 기도원으로 향하는 길을 이용하면 좀 더 빠르고 쉽게 매표소로 돌아올 수 있다. 이 코스에서 제일 힘든 구간은 372계단이다. 힘든 게 싫다면 굳이 올라가지 않아도 된다.

🚗 찾아가는 길
계단로 코스와 가는 길이 동일하다. 지하철 2호선 신촌역 4번 출구로 나와 쭉 걸으면 아트레온 극장 앞에 3100번, 300번 버스 정류장이 보인다. 3100번 버스를 타고 마니산 입구에서 하차한다.

🚻 화장실
매표소에 오기 전에 화장실이 있다. 입구로 들어와 계단로 코스 방향으로 가다 보면 왼편에 보인다.

🍴 음식점 또는 부대시설
계단로와 단군로 코스가 갈리는 길에 매점이 있다. 매표소에서 조금 걷다 보면 커피, 어묵, 국수 등을 판매하는 음식점이 보인다.

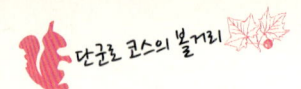 단군로 코스의 볼거리

STEP 01
372계단 { 참성단과 만날 수 있는 계단 }

'다이어트를 위해 엘리베이터를 타지 않고 계단을 이용해요~.'
아이돌 그룹 포미닛의 현아는 날씬한 몸매를 유지하는 비결에 대해
이렇게 말했다. 아이돌 그룹 티아라도 날씬한 몸매를 위해 니트
다이어트를 한다고 밝혔다. 니트 다이어트란 계단 오르기, 제자리
걸으면서 통화하기 등을 말한다.
실제로 계단 오르기는 걷기나 들기보다 지방이 더 많이 연소된다.
계단 오르기는 그 어떤 운동보다 칼로리 소모가 큰 유산소 운동이다.
단군로 코스는 등산보다는 산책하는 느낌이다. 하지만 목표 지점
가까이에 큰 복병이 하나 있는데, 바로 372계단이다. 조금만 올라가도
숨이 턱에 찰 정도로 가파르다. 하지만 몸 안에 있는 지방이 연소되고
있다고 생각하면 그까짓 것 즐거운 마음으로 기꺼이
오를 수 있다. 372계단을 오르면 참성단과 만날 수 있다.

보기만 해도
살 빠지는
소리가 들리는
가파른 계단

STEP 02
신선설화 { 마니산에 전해져 내려오는 설화 }

옛날 3명의 나무꾼이 나무를 하러 마니산을 찾았다. 마니산 중턱쯤 올라오자 이상한 행색 차림의 노인들이 바둑을 두고 있는 것이 보였다. 나무꾼들은 노인들이 권하는 술을 마시며 시간 가는 줄 모르고 노인들이 두는 바둑을 구경하였다. 그러다 날이 저물어 산을 내려왔다.
그런데 자신들이 살던 동네는 세월이 흘러 300년이 지난 뒤였다. 친구들은 모두 세상을 떠나고 없었다. 나무꾼들은 노인들이 준 술이 불로주였음을 알게 되었다. 이때부터 속세에서는 '신선놀음에 도끼 자루 썩는 줄 모른다'는 말이 생겨나게 되었다. 이 이야기는 마니산에 전해져 내려오는 신선설화이다. 현재 마니산 중턱에는 이 설화를 바탕으로 한 마네킹이 있다. 바둑을 두는 노인들을 배경으로 기념사진 한 장 찍어도 좋겠다.

신선설화를 만날 수 있는 안내판

설화를 재미있게 재현해 놓았다.

고려시대 궁궐의 일부로 남은 곳
고려 궁지

고려시대 때 이곳에는 궁궐이 있었다. 고려가 몽골군의 침략을 피해 1232년 강화도로 천도한 이후 최우는 2,000명의 군사를 동원하여 이곳에 왕궁을 건립하였다. 규모는 작으나 궁궐과 관아의 명칭을 개경의 궁궐과 같게 하고 뒷산의 이름도 송악이라 하였다.

이후 대몽 항쟁기 39년간 고려 왕궁으로 사용하다가 몽골과의 화친 후 고려왕이 개성으로 환도하게 되자 몽골의 요구에 따라 궁궐 건물과 성곽을 모두 파괴하였다.

조선시대에는 행궁, 유수부 건물과 함께 민가까지 들어서면서 고려시대 궁궐의 모습이 사라졌다. 현재의 고려 궁지는 고려시대 궁궐 영역 일부에 지나지 않는 것으로, 본래의 영역은 동서남북으로 뻗어나간 대규모 공간이었다. 고려 궁지 안으로 들어가면 보물 제11호 강화동종, 시도유형문화재 제26호 이방청, 시도유형문화재 제25호 강화유수부동헌과 외규장각을 보고 들을 수 있다.

외규장각은 조선 정조 때 왕실 관련 서적을 보관할 목적으로 설치한 곳으로 왕이 친히 열람하는 어람용 의궤를 보관하던 곳이다. 어람용 의궤의 표지는 특별하게 비단을 사용하였고, 종이는 고급 초주지를 사용하였으며, 해서체로 정성 들여 글씨를 쓴 다음 붉은 선을 둘러 왕실의 위엄을 더하였다. 병인양요 당시 외규장각에 보관 중이던 은괴 19상자와 함께 프랑스군의 눈을 사로잡은 것도 채색 비단 표지에 선명한 그림으로 장식된 어람용

의궤들이었다.

병인양요는 고종 3년(1866) 흥선대원군의 천주교 탄압과 프랑스 신부 11명이 처형된 사건을 빌미로 프랑스 함대가 강화도를 무력 침범한 사건이다. 우리 민족이 경험한 서구 제국주의 국가와의 전쟁이었다. 강화도를 점령한 프랑스 함대는 양민을 학살하고, 조선의 왕실 서고였던 외규장각을 불태워 6,000여 권 이상의 책이 소실되었다. 또한 의궤를 비롯한 340여 책의 왕실 문서와 은괴 수천 냥을 약탈한 사건이다.

고려 궁지 주변은 볼거리가 풍부하다. 고려 궁지로 오는 길에 제일 처음 만나게 되는 곳은 유형문화재 제20호로 지정되어 있는 용흥궁이다. 무료로 관람할 수 있는 용흥궁은 조선 철종(1849~1863)이 왕위에 오르기 전에 거처하던 잠저로, 강화유수 정기세가 철종 4년(1853) 지금과 같은 건물을 짓고 용흥궁이라고 하였다. 좁은 골목 안에 대문을 세우고 행랑채를 두고 있어 창덕궁 낙선재와 같이 소박한 분위기를 풍긴다. 궁 안에는 철종 잠저임을 기록한 비석과 비각이 있다. 용흥궁 바로 위쪽에는 사적 424호로 지정된 성공회 강화 성당이 있다. 고요한 초대 주교가 1900년 축성한 건물로 주도하였다. 전체적인 건축 양식은 한국 정통 양식을 따르고 있으며, 배치와 내부 구조는 서양식 바실리카 건축 양식을 응용하여 조화의 아름다움과 토착 정신을 드러나게 하였다.

이용 시간　오전 9시~오전 6시, 연중무휴
이용 요금　어른 900원, 청소년·군인 600원
찾아가는 길　강화 터미널을 등진 상태에서 오른편으로 걷는다. 사거리가 나오면 강화군청
　　　　　　방향으로 걷는다. 우체국을 지나친 후 계속 걷다 보면 고려 궁지가 표시되어 있는
　　　　　　이정표가 보인다. 이정표를 따라 길 안으로 들어선 후 계속 직진하여 걸으면 된다.
　　　　　　버스 터미널에서 고려 궁지까지는 도보로 20분 정도 소요된다.

INDEX

거북바위(삼성산)	108		도봉사 코스	60
거북바위(불암산)	188		도봉산	48
고 최규식 경무관 동상	145		돌 먹는 나무	309
고구려대장간마을	162		돌다방 쉼터	193
고구려정	168		돌문바위	210
고산앙지	59		동마루	139
공주봉	235		동암문	285
공주봉 코스	232		마당바위 코스	56
관악사지	83		마애부도	108
관악산	72		마애삼존불상	103
관음사	87		만해기념관	297
관음사 코스	84		말바위	143
광륜사 금강선원	58		매바위	291
구절터	235		매봉	211
국립공원 산악박물관	70		매봉 코스	208
궤산정	268		메타세쿼이아 숲	211
금위영이건기비	31		명품 소나무	169
기차바위	121		문학 레포츠 공원	312
기차바위 코스	118		문학산	298
긴 고랑길	165		문학산성	308
김신조 루트 코스	136		민속공예전시관	296
깃대봉	107		반계 윤웅렬 별장	121
깔딱고개 코스	264		반월호수	254
낙성대 공원	88		보국문	35
남녀근석	102		보국문 코스	32
남문	284		보루	169
남문 코스	282		봉암성 암문	295
남한산성	274		북문	90
남한산성 역사관	287		북문 코스	288
노강서원	267		북악산	128
노랑바위	253		북한산	18
노적봉	313		북한산 둘레길	42
노적봉 코스	310		불암산	178
노적사	30		불암산 둘레길	194
대남문	31		불암정	192
대남문 코스	26		산림욕장	252
대동문	41		산성 코스	306
대동문 코스	36		삼귀자	100
대서문	28		삼막사 코스	96
대성암 쌀바위	164		삼성산	90
도봉사	62		삼청공원	142

삼청공원 코스	140		인왕산	110
삼층석탑	101		1·21 사태 소나무	145
삼호현 고개	309		자연관찰로	35
상봉약수터	87		자유수호평화박물관	237
생태공원	173		자재암	229
서계 박세당 사랑채	269		자재암 코스	226
서울 성곽길	146		장경사	294
서울 어린이대공원	174		장경사 코스	292
소요산	218		장경사신지옹성	295
송추계곡	69		정릉계곡	34
수락산	256		정상 코스(삼성산)	104
수락산 보루	273		정상 코스(아차산)	166
수리산	238		정상 코스(불암산)	186
수문	287		중성문	29
수어장대	291		쥐바위 코스	190
숙정문	144		지수당	286
슬기봉 코스	246		진달래능선	40
시가 있는 숲	249		차이나타운	314
심우도	63		천지약수터	86
아차산	152		천축사	59
아차산 고구려 역사문화 홍보관	173		청계산	200
			청와대 사랑채	127
아차산성	172		체력 단련장	40
아차산성 코스	170		치마바위	125
안양예술공원	109		치마바위 코스	122
안평대군 이용과 소설과 현진건의 집터	120		큰바위얼굴	163
			큰바위얼굴 코스	160
양재 시민의 숲	216		태을봉	253
여래사	139		태을봉 코스	250
연경정	313		학도암	189
연주대	83		학림사	272
연주대 코스	80		학림사 코스	270
염불사	266		한남정맥 군포시 구간	248
옥녀봉	214		해탈문	228
옥녀봉 코스	212		호경암	138
용굴암	273		호수공원	82
원지동 미륵당	215		황학정	124
원효샘	230		회룡사 석조	68
원효폭포	234		회룡사 오층석탑	69
윤동주 시인의 언덕	126		회룡사 코스	66

여자를 위한
친절한
등산책

2014년 4월 1일 초판 2쇄 인쇄
2014년 4월 11일 초판 2쇄 발행

지은이 | 구지선
발행인 | 이원주

발행처 | (주)시공사
출판등록 | 1989년 5월 10일 (제3-248호)

주소 | 서울시 서초구 사임당로 82 (우편번호 137-878)
전화 | 편집 (02)2046-2897 · 영업 (02)2046-2800
팩스 | 편집 (02)585-1755 · 영업 (02)588-0835
홈페이지 | www.sigongsa.com

ISBN 978-89-527-6602-1 13980

본서의 내용을 무단 복제하는 것은 저작권법에 의해 금지되어 있습니다.
파본이나 잘못된 책은 구입하신 서점에서 교환해 드립니다.
값은 뒤표지에 있습니다.